telc

Einfach besser! 100

Deutsch für Berufssprachkurse. Brückenelement B1/B2
Kurs- und Arbeitsbuch

Milena Angioni
Maja Rettig
Viola Stübner

telc gGmbH
Bad Homburg

Einfach besser! 100 Deutsch für Berufssprachkurse. Brückenelement B1/B2
Autorinnen Milena Angioni, Maja Rettig, Viola Stübner
Phonetik Franca Malcharowitz
Satz fotosatz griesheim GmbH
Tonaufnahmen ten7.ton.studio
Illustrationen Lisa Frühbeis, Dominik Wendland
Fotografie Jan Kocovski
Begutachtung Anke Kuhnecke

Weitere Informationen zu unseren Lehrwerken finden Sie unter:
www.telc.net/lehrmaterialien.

1. Auflage 2024

www.telc.net
Printed in Germany

telc Order-Nr.: V01-4004-BAE-2401A
ISBN: 978-3-910223-21-9

Liebe Kursleitende, liebe Lernende,

Mit **Einfach besser! 100** liegt Ihnen ein berufssprachliches Lehrwerk vor, das in 100 Unterrichtseinheiten wesentliche Deutschkenntnisse für den Einstieg ins Berufsleben vermittelt und dabei das Sprachniveau B1 durch Wiederholungen und auffrischende Übungen nachhaltig festigt.

Einfach besser! 100 ist in Kombination mit dem Lehrwerk **Einfach besser! 400** für den Einsatz im 500 Unterrichtseinheiten umfassenden Basiskurs B2 der berufsbezogenen Deutschsprachförderung geeignet. **Einfach besser! 100** deckt dabei das vorbereitende Brückenelement B1/B2 vollständig ab.

Das Lehrwerk sichert B1-Inhalte im berufssprachlichen Kontext und eignet sich entsprechend für Teilnehmende, die den Integrationskurs abgeschlossen haben und sich sprachlich auf Ihr Arbeitsleben in Deutschland vorbereiten.

Anhand realistischer beruflicher Situationen aus verschiedenen Berufsfeldern trainiert das Lehrwerk in sechs Lektionen gleichermaßen alle Fertigkeiten und vermittelt die Gepflogenheiten und Werte der deutschen Arbeitswelt. Spielerische Lernszenarien und Zwischenseiten mit individuellen Berufsbiografien Zugewanderter runden die Lektionen im Kursbuch ab. Das Arbeitsbuch beginnt mit einer extra Einheit zum Aussprachetraining und endet nach dem umfangreichen Übungsteil mit einem Selbsteinschätzungsbogen. Zu jeder Lektion gehören ein separates Wortschatztraining sowie eine Lernzielkontrolle.

Lösungen, Hörtexte und Audiodateien des Lehrwerks sowie weitere Zusatzmaterialien können Sie sich in unserem Downloadbereich kostenlos herunterladen:

https://www.telc.net/lehrmaterialien/downloadbereich

Die Lehrerhandreichungen zum Lehrwerk finden Sie kostenlos in unserem Webshop. Mit dem digitalen Unterrichtsbegleiter für Kursleitende können Sie Ihren Unterricht online gestalten oder begleiten und mit interaktiven Übungen das Angebot des Lehrwerks ergänzen. Erfahrene Kursleitende haben uns bei der Entwicklung dieses Lehrwerks beraten. Berufliche Alltagsrelevanz, Freude am Lernen, die Förderung der Lernerautonomie und ausreichende Möglichkeiten zur Binnendifferenzierung standen bei der Konzeption im Vordergrund.

Wir freuen uns, Ihnen mit **Einfach besser! 100** ein aktuelles Lehrwerk vorlegen zu können, das Lernende optimal auf den Basiskurs B2 vorbereitet und auch in anderen berufsorientierten Sprachkursen auf B1-Niveau eingesetzt werden kann.

Viel Spaß und viel Erfolg wünscht Ihnen Ihr

J. Keicher
Geschäftsführer telc gGmbH

1 Verweis auf eine Übung im Kursbuch

anspruchsvollere Übung

1 Verweis auf Grammatikeinführung in Lektion

02 Hörübung mit Trackangabe

Schreibaufgabe

Selbsteinschätzung

leichtere Übung

richtig/falsch

1 Lernen Sie vier Menschen kennen, die in Deutschland arbeiten. Hier erzählen sie ihre Geschichte.

a Lesen Sie, was die Personen erzählen, und berichten Sie Ihrer Partnerin / Ihrem Partner, was Sie verstanden haben.

Ich heiße Andres Zambrano und komme aus Bogota; das ist die Hauptstadt von Kolumbien. Dort habe ich Abitur gemacht, danach bin ich nach Deutschland gekommen. Hier arbeite ich jetzt als Au-pair bei einer Familie in Bremen. Die Familie hat zwei Kinder, Max ist 8 und Tobias ist 4. Meine Gasteltern sind Ärzte und arbeiten sehr viel. Oft bin ich den ganzen Tag mit den Kindern alleine. Ich bringe sie zur Schule und in den Kindergarten, mache ihnen zu essen und spiele mit ihnen. Am Wochenende habe ich frei und besuche einen Sprachkurs. Später will ich hier in Deutschland eine Ausbildung als Erzieher machen. Mir gefällt das Leben in Deutschland. Ich habe hier gute Freunde und wir haben zusammen viel Spaß.

Guten Tag, ich heiße Kofi Dwenger. Ich bin 40 Jahre alt und Maler von Beruf. In Deutschland heißt der Beruf „Maler und Lackierer". Ich habe den Beruf in Ghana, meinem Herkunftsland, gelernt. Ich arbeite meistens auf großen Baustellen im Innenbau. Ich verputze und streiche Wände, nachdem das Haus außen fertig gebaut ist. Die Arbeit ist anstrengend. Abends bin ich oft müde. Meine Frau ist Krankenschwester und arbeitet oft nachts. Unsere Kinder sind 18, 16 und 12 Jahre alt und gehen alle in Koblenz zur Schule. Dort wohnen wir seit 6 Jahren und sind dort sehr glücklich.

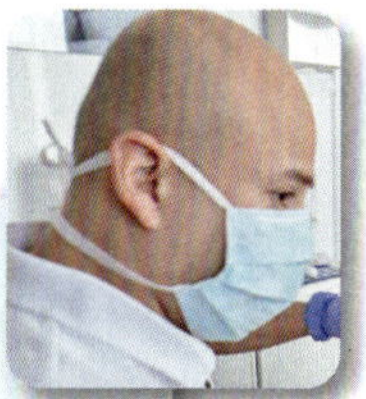

Guten Tag, mein Name ist Arian Begu. Ich bin 47 Jahre alt, verheiratet, habe eine Tochter und bald ein Enkelkind. Mit 12 Jahren bin ich mit meinen Eltern aus Albanien nach Deutschland gekommen und wohne seitdem in Berlin. Ich bin Zahnarzt und arbeite in einer großen Zahnklinik im Zentrum von Berlin. Bei uns arbeiten 15 Zahnärzte, 15 Assistenten und 6 Mitarbeiter an der Rezeption und im Sekretariat. Und wir stellen immer wieder neues Personal ein. Es ist immer viel los bei uns und der Job ist oft stressig. Ich habe lange Arbeitszeiten, weil wir auch am Samstag geöffnet haben, aber ich verdiene gut und bin zufrieden.

Hallo, ich bin Yasmin Schokai, 24 Jahre alt und komme aus Augsburg in Bayern. Dort lebe ich mit meinem Freund und meinem Hund in einer kleinen Wohnung in der Altstadt und arbeite in einem Friseursalon. Ich liebe meinen Beruf. Es gefällt mir, wenn die Kunden glücklich sind. Trotzdem möchte ich nicht immer in einem Friseurladen arbeiten, sondern später ans Theater oder zum Film gehen und dort als Friseurin arbeiten. Das ist mein Traum.

b Und Sie? Erzählen Sie Ihre Geschichte und schreiben Sie die wichtigsten Informationen in den Kasten.

Name: ....

Wohnort: ....

Herkunftsland: ....

Wie lange in Deutschland? ....

Berufstätig? ....

Wünsche? ....

2 Hier arbeiten wir.

a Ordnen Sie die Namen Andres, Arian, Kofi und Yasmin zu.

1

Malerbetrieb Kolores

Schnell, pünktlich, sauber und immer zum guten Preis.

Innenausbau – Fassadenarbeiten – Tapezieren & Lackieren

Malerbetrieb Kolores • Bahnhofstr. 3 • 56068 Koblenz
www.malerbetrieb-kolores.de

Hier arbeitet ....

2

Zahnklinik Charlottenburg

Modernste Technik, 36 Mitarbeiter, freundliche Atmosphäre

Wir suchen eine / n zahnmedizinische / n Fachangestellte / n zum 1. September, halbtags.

Ihre Aufgaben:
Zahnärztliche Assistenz, Beratung und Betreuung von Patienten, Pflegen von Instrumenten und Geräten, Hygienetätigkeiten und Dokumentation

Ausbildung als Zahnmedizinische / r Fachangestellte / r (ZFA) erforderlich!
Infos unter: www.zk-charlottenburg / karriere.de

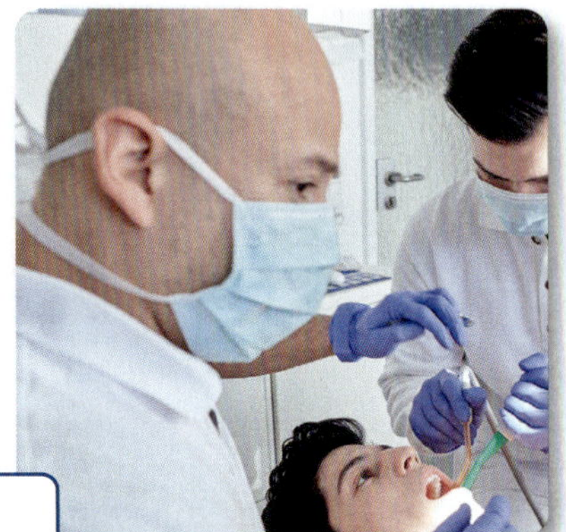

Hier arbeitet ....

3

Hairstil

Damen • Herren • Kinder

Öffnungszeiten
Mo – Fr von 9:00 bis 18:00 Uhr
Sa von 8:00 bis 14:00 Uhr

Nur mit Termin!

Hier arbeitet ....

4

Willkommen bei

Sabine, Torsten, Max & Tobias Walsleben

Hier arbeitet ....

b Was ist was? Ordnen Sie die Nummern 1–4 den Begriffen zu.

ein Öffnungszeitenschild	eine Visitenkarte	ein Klingelschild	eine Jobanzeige

c Würden Sie gerne bei einer der Firmen oder in einem Haushalt arbeiten? Wo und warum oder warum nicht? Sprechen Sie im Kurs.

d Überlegen Sie in der Gruppe. Welche Berufe kennen Sie? Zu welchen Bereichen gehören sie?

Handwerk	Erziehung / Unterricht	Gesundheit / Pflege	Handel	Hotel / Gastronomie	Verwaltung

Ich kenne die Berufe ...

Die Berufe gehören zu den Bereichen ...

Ein neuer Beruf

Was möchten Sie in Deutschland beruflich machen?

- Maschinen und Geräte produzieren
- Patienten pflegen
- Menschen in Not helfen
- Computer programmieren
- Autos bauen
- im Büro arbeiten
- ...
- mit Kindern arbeiten

1 Verschiedene Berufe

1 Berufe in Deutschland

a Stellen Sie sich vor. Woher kommen Sie? Was ist Ihr Beruf? Sprechen Sie im Kurs.

Ich komme aus …

Ich bin Koch.

Woher kommen Sie?

b Welche Berufe kennen Sie? Was macht man in diesen Berufen? Schreiben Sie in 3er- oder 4er-Gruppen Berufe und die dazu passenden Verben in die Tabelle.

Berufe	**Verben**
Koch	*kochen, schneiden, braten*

c Schreiben Sie Sätze über Berufe und lesen Sie sie Ihrer Partnerin / Ihrem Partner vor. Ihre Partnerin / Ihr Partner muss raten, welche Berufe Sie meinen.

Welcher Beruf ist das?

In diesem Beruf muss man schneiden, waschen und föhnen.

d Schreiben Sie einen Beruf auf ein Post-it und kleben Sie es auf die Stirn einer anderen Person. Stellen Sie sich abwechselnd Ja- / Nein-Fragen. Bei der Antwort *Ja* dürfen Sie weiter fragen. Bei der Antwort *Nein* ist der Nächste dran.
Wenn Sie den Beruf erraten haben, nehmen Sie das Post-it von Ihrer Stirn.

Polizistin

Koch

Lehrer

2 Wo, wann, wie viele?

Arian, Kofi und Yasmin arbeiten in verschiedenen Berufen in Deutschland.
Lesen Sie die Informationen zu ihren Arbeitgebern und beantworten Sie die Fragen.

1

Malerbetrieb Kolores

Schnell, pünktlich, sauber und immer zum guten Preis.

Innenausbau – Fassadenarbeiten – Tapezieren & Lackieren

Malerbetrieb Kolores • Bahnhofstr. 3 • 56068 Koblenz

2

Hairstil

Damen • Herren • Kinder

Öffnungszeiten
Mo – Fr von 9:00 bis 18:00 Uhr
Sa von 8:00 bis 14:00 Uhr
Nur mit Termin!

3

Zahnklinik Charlottenburg
Modernste Technik, 36 Mitarbeiter, freundliche Atmosphäre

Wir suchen eine / n zahnmedizinische / n Fachangestellte / n zum 1. September, halbtags.

Ihre Aufgaben:
Zahnärztliche Assistenz, Beratung und Betreuung von Patienten, Pflegen von Instrumenten

1 Wo befindet sich die Firma?

....

2 Wann hat der Friseur geöffnet?

....

3 Wie viele Personen arbeiten in der Zahnklinik?

....

3 Wer macht was?

Sprechen Sie mit Ihrer Partnerin / Ihrem Partner und schreiben Sie dann Sätze.

Lehrerin | Architekt | Automechanikerin | Kellner | Verkäuferin | Krankenpfleger | Friseurin

Ein Krankenpfleger pflegt Patienten.

Eine Friseurin schneidet Haare.

GRAMMATIK

Verbkonjugation im Präsens

ich	mache	**wir**	machen
du	machst	**ihr**	macht
er / sie / es	macht	**sie / Sie**	machen

....

....

....

....

....

4 Wo fange ich an?

a Andres Zambrano hat noch keinen Beruf und liest den Forumstext im Internet. Kreuzen Sie an: richtig oder falsch?

login

Wer in Deutschland Arbeit sucht, hat viele Möglichkeiten. Es gibt fast 3,5 Millionen Firmen, vom Familienbetrieb bis zum internationalen Unternehmen. Dazu kommen Krankenhäuser, Schulen, Hilfsorganisationen und die Ämter der Regierungen. Da ist es schwer, sich für einen Beruf zu entscheiden. Wichtige Arbeitgeber in Deutschland sind z. B. Firmen wie *Edeka*, *Aldi* und *Lidl*. Auch die *Deutsche Bahn* und die Autoproduzenten, wie zum Beispiel *Volkswagen* und *Daimler*, beschäftigen viele Mitarbeiter. Man kann in Deutschland auch im sozialen Bereich leicht Arbeit finden. Weltbekannte Krankenhäuser wie die *Charité* in Berlin, die großen Hilfsorganisationen wie das *Deutsche Rote Kreuz* oder die *Arbeiterwohlfahrt* sind als große Arbeitgeber bekannt. Auch die Bundesregierung bietet rund 6 Millionen Menschen Arbeit. Wo soll man also anfangen, wenn man einen Job sucht?

		✓	✗
1	In Deutschland gibt es mehr als 3,5 Millionen Familienbetriebe.	☐	☐
2	Die Lebensmittelbranche bietet in Deutschland viele Arbeitsplätze.	☐	☐
3	Die *Arbeiterwohlfahrt* ist ein bekannter deutscher Arbeitgeber.	☐	☐

b Markieren Sie in den Fragen die trennbaren Verben.

Wie fange ich an, mir einen Job zu suchen?

Wo gehe ich hin, um Informationen zu bekommen?

Wie entscheide ich mich für einen Beruf?

Welche Dokumente nehme ich für ein Bewerbungsgespräch mit?

GRAMMATIK

Trennbare Verben

an|fangen
Ich fange am Montag mit dem neuen Job an.

c Diskutieren Sie mit Ihrer Partnerin / Ihrem Partner mögliche Antworten auf die Fragen in 4b.

5 Wie sind die Regeln?

02 **a** Sie hören einen Podcast der Bundesagentur für Arbeit. Welche Person sagt was? Ordnen Sie zu.

A 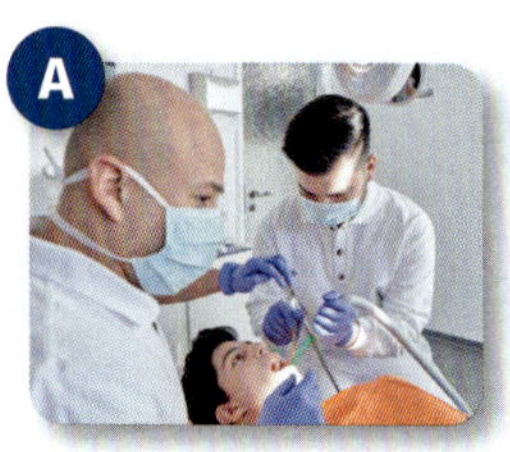
1 ....

B 
2 ....

C 
3 ....

D 
4 ....

E 
5 ....

02 **b** Hören Sie die Sätze noch einmal. Was *dürfen / sollen / müssen / wollen / können* die Personen? Schreiben Sie Sätze mit Modalverben in Ihr Heft.

GRAMMATIK

Modalverben + Infinitiv

Ich will Patienten pflegen.

6 Eine E-Mail an einen Freund

Andres schreibt an seinen Freund, der schon seit einigen Jahren in Deutschland wohnt. Lesen Sie die E-Mail und setzen Sie die Modalverben in der richtigen Form ein. Manchmal gibt es mehrere Lösungen!

dürfen | können | möchten | müssen | sollen | wollen

An: stefano.cores@xnet.com
Betreff: Fragen über das Arbeiten in Deutschland

Hallo Stefano, wie geht es dir? Wie du weißt, bin ich seit einiger Zeit in Deutschland und arbeite hier als Au-pair. Das macht Spaß und ich ……1…… auch nach diesem Jahr in Deutschland bleiben. Also ……2…… ich mir eine Arbeit suchen. Das ist gar nicht so einfach. Es gibt so viele Möglichkeiten. ……3…… du mir helfen? Ich weiß noch nicht genau, als was ich arbeiten ……4…… . Ich weiß auch nicht, ob Kolumbianer in Deutschland arbeiten ……5…… . Welche Dokumente ……6…… ich haben? Ich glaube, ich ……7…… auch eine Deutschprüfung machen, oder? Hast du eine Idee, wo ich hingehen kann, um alle Informationen zu bekommen? Oder ……8…… ich lieber im Internet suchen? Wie hast du deinen Job gefunden? Danke für deine Hilfe und bis bald .

Viele Grüße Andres

7 Was ist Ihr Beruf? Was machen Sie?

a Andres Zambrano erzählt von seinem Beruf als Au-pair. Hören Sie und kreuzen Sie an. 03

1 Andres fährt
a ☐ bei gutem Wetter mit dem Fahrrad.
b ☐ immer mit dem Auto.
c ☐ nach dem Mittagessen in den Kindergarten.

2 Andres kann zum Sport gehen, wenn
a ☐ die Kinder bei Freunden sind.
b ☐ seine Gastmutter nach Hause kommt.
c ☐ Max Hausaufgaben macht.

b Lesen Sie die Sätze und stellen Sie sie um. Ergänzen Sie die Regel.

1 Jeden Morgen bringe ich Max in die Schule und Tobias in den Kindergarten.

Ich bringe jeden Morgen Max in die Schule und Tobias in den Kindergarten.

2 Dann koche ich etwas zum Mittagessen.

………………………………………………………… .

3 Nach dem Mittagessen muss Max Hausaufgaben machen.

………………………………………………………… .

4 Um 17:00 Uhr kommt meine Gastmutter Sabine nach Hause.

………………………………………………………… .

GRAMMATIK

Satzstellung
Subjekt + ……1…… + anderes Satzelement.
Anderes Satzelement + Verb + ……2…… .

8 Schule, Ausbildung und Beruf in Deutschland

a Schauen Sie sich die Abbildung an und sprechen Sie im Kurs. Wie ist das Schulsystem in Ihrem Land?

Berufsausbildung in der Regel 3 Jahre	Studium Bachelor – Master
Haupt- oder Realschulabschluss[3]	Abitur

Hauptschule[2] bis 9. / 10. Klasse	Realschule[2] bis 10. Klasse	Gesamtschule bis 10. / 12. Klasse	Gymnasium bis 12. / 13. Klasse

Weiterführende Schule

Grundschule 1. bis 4. / 6. Klasse[1]

[1] Die Dauer der Grundschulzeit variiert in Deutschland je nach Bundesland.

[2] auch: Oberschule oder Mittelschule, variiert je nach Bundesland

[3] auch: Mittlere Reife, variiert je nach Bundesland

b Ordnen Sie zu.

1 das Abitur	a die Schule, die zum Abitur führt
2 die Ausbildung	b Abschluss am Ende des Gymnasiums
3 die Grundschule	c die Schule, die man als Kind als Erstes besucht
4 das Gymnasium	d das Erlernen eines Berufs

04 **c** Drei Personen sprechen über ihre Ausbildung. Hören Sie und ergänzen Sie die Lücken.

GRAMMATIK

Artikel und Negation

*Ich habe **die** Gesamtschule besucht.*
*Ich mache **keine** Berufsausbildung.*
*Ich möchte **ein** Studium machen.*
*Ich kann ohne Zertifikat **nicht** arbeiten.*

1 Ich habe .... Grundschule und .... Gymnasium in Kolumbien besucht.
2 Dort habe ich auch .... Abitur gemacht.
3 Danach bin ich nach Deutschland gekommen und hier bin ich .... Au-pair.

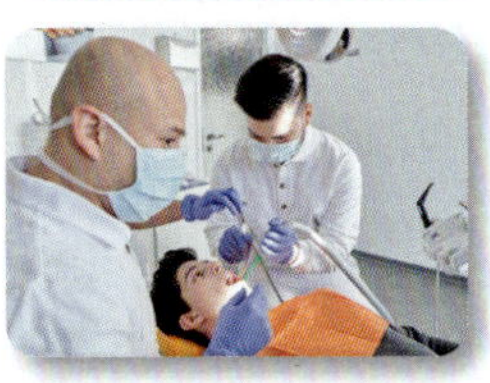

4 .... Schule und .... Studium habe ich in Albanien gemacht.
5 Ich habe .... Zahnmedizin studiert und bin .... Zahnarzt.
6 In Albanien gibt es .... Berufsausbildung.

7 Ich habe .... Gesamtschule nach der 10. Klasse beendet.
8 Ich wollte .... Ausbildung als .... Friseurin machen.
9 Für meinen Beruf brauche ich .... Studium.

d Ergänzen Sie *ein* | *kein* oder *nicht*. Achten Sie auf die richtige Form.

1 .... Student in Deutschland studiert ca. fünf Jahre bis zum Master.

2 Wer an die Universität geht, macht .... Berufsausbildung.

3 Hier lernt fast jeder drei Jahre lang .... Beruf.

4 .... Berufsausbildung kann man nach der Realschule oder nach dem Abitur machen.

5 .... jeder, der Abitur hat, geht an die Universität.

e Schreiben Sie einen kurzen Text über Schule, Ausbildung und Beruf in Ihrem Land in Ihr Heft.

9 Das kann ich schon. Das mache ich gern.

a Beantworten Sie die Fragen und stellen Sie sie danach Ihrer Partnerin / Ihrem Partner.

Kenntnisse und Erfahrungen	**Ich**	**Partnerin / Partner**
Was macht Ihnen Spaß?		
Welche Hobbys haben Sie?		
Welche Sprachen sprechen Sie?		
Sind Sie gerne mit vielen Menschen zusammen?		
Sind Sie gerne draußen?		
Haben Sie schon einen Beruf?		
Welchen Schulabschluss haben Sie?		
Haben Sie Zertifikate?		

b Fertigen Sie eine Kursstatistik an. Zählen Sie und machen Sie für jede Person in Ihrem Kurs Kreuze in den richtigen Feldern.

Qualifikationen und Vorlieben	**Anzahl der Kursteilnehmer**																			
	1	2	3	4	5	6	7	8	9	10	11	12	13	14	15	16	17	18	19	20
mehr als 2 Sprachen																				
Berufsabschluss																				
Schulabschluss																				
Zertifikate																				
arbeitet gerne draußen																				
hat mehr als 2 Hobbys																				

c Beschreiben Sie Ihren Kurs in Ihrem Heft. Verwenden Sie folgende Ausdrücke, wenn möglich.

die Hälfte | keiner | (fast) alle | ein Viertel | jeder Zehnte | ein Drittel

10 Vier Lernstrategien

a Ordnen Sie die Fotos den Forumstexten zu.

A

C

B

D

login

① **Laut sprechen**
Diese Lernstrategie ist einfach und effektiv. Durch das laute Sprechen nutzen Sie mehrere Sinne gleichzeitig, denn beim lauten Lesen hören Sie sich selber sprechen und können sich Inhalte besser merken, als wenn Sie sie nur leise lesen oder in Gedanken durchgehen. Am besten schreiben Sie sich die Inhalte vorher auf Karteikarten. ☐

② **Mit Lernpartnern diskutieren**
Wenn Sie das Gelernte leichter verstehen möchten, helfen Ihnen Lernpartner. Sie und Ihre Lernpartner können Dialoge sprechen oder Übungen gemeinsam lösen. Nehmen Sie das Lernen mit Lernpartnern ernst, damit Sie Ihre Zeit nicht verschwenden. ☐

③ **Viel üben**
Verstehen Sie manchmal überhaupt nichts, egal, wie viel Sie üben? Wiederholen Sie, was Sie schon gelernt haben, denn Übung macht den Meister. Das gilt auch für Hausaufgaben. Machen Sie regelmäßig Ihre Hausaufgaben. Das ist ein Muss für Erfolg beim Deutschlernen. Auch im Internet gibt es viele Möglichkeiten zu üben. ☐

④ **Lernplakate**
Gestalten Sie ein Lernplakat und stellen Sie alles dar, was Sie lernen müssen und wollen. Seien Sie kreativ und verwenden Sie verschiedene Farben und Formen. Wie Ihr Lernplakat am Ende aussieht, ist fast egal. Das Wichtigste ist, dass Sie es verstehen. ☐

b Gestalten Sie in Gruppen Lernplakate zu einem Thema aus Lektion 1.

c Welche Lernstrategien helfen Ihnen? Wie macht Ihnen Lernen Spaß? Sprechen Sie zu zweit.

Mir hilft das laute Sprechen.

Ich brauche jeden Tag Hausaufgaben, damit ich üben kann.

...

11 Lernspiel: Dialoge

Verwenden Sie Lernstrategie 2. Üben Sie Dialoge zum Thema Beruf mit folgendem Spiel.

1 Setzen Sie sich in 3er- oder 4er-Gruppen zusammen und wählen Sie einen Beruf aus der Mitte des Spielfeldes.
2 Würfeln Sie und gehen Sie mit Ihrer Figur auf das entsprechende Spielfeld, das Sie mit der Augenzahl erreichen.
3 Stellen Sie Fragen und erraten Sie den Beruf Ihres linken Mitspielers. Jeder richtig erratene Beruf ist ein Punkt, wenn die Frage korrekt formuliert ist.

Start →

Spaß

viel sprechen

sozial

Büro

Materialien

Branche

?

allein

Bewegung oder sitzen

geistig

handwerklich

Arbeitsplatz

Patienten

Arbeitszeiten

Kontakt zu Kunden

Arbeitsalltag

?

Arbeit finden

Ausbildung

Lehrerin, Hausmeister, Berater, Sekretärin, Erzieher, Arzt, Kfz-Mechaniker, Altenpfleger, Architektin, Maler, Friseurin, Journalist, Schneider, Tischler

Was macht Ihnen an Ihrer Arbeit Spaß?
Arbeiten Sie im Büro?

Variante:
Verteilen Sie sich im Raum und führen Sie Interviews mit den Fragen aus dem Spiel.

Sprachbausteine

Firmen und Institutionen

die Firma
das Unternehmen
der Betrieb
der Laden
die Klinik

Berufe

Ich arbeite als Koch.
Ich bin Zahnarzt.
Mein Beruf ist Friseurin.
Ich bin Lehrerin von Beruf.

Ausbildung und Studium

die Grundschule
die Hauptschule
die Realschule
die Gesamtschule
das Gymnasium
das Abitur
die Berufsausbildung
das Studium

Ich bin in Damaskus zur Grundschule und zur Realschule gegangen.
Er hat das Gymnasium in Tanger besucht.
Haben Sie Abitur?
Ich habe eine Berufsausbildung als Automechaniker gemacht.
Mein Studium hat 5 Jahre gedauert.
ein Viertel, die Hälfte, ein Drittel, drei Viertel, ein Zehntel, jeder Vierte

Grammatik

Verbkonjugation im Präsens

	Modalverben					**Voll- / Hilfsverben**	
	können	**dürfen**	**wollen**	**müssen**	**sollen**	**haben**	**sein**
ich	kann	darf	will	muss	soll	habe	**bin**
du	kannst	darfst	willst	musst	sollst	hast	**bist**
er / sie / es	kann	darf	will	muss	soll	hat	**ist**
wir	können	dürfen	wollen	müssen	sollen	haben	sind
ihr	könnt	dürft	wollt	müsst	sollt	habt	seid
sie / Sie	können	dürfen	wollen	müssen	sollen	haben	sind

Modalverben

Nach einem Modalverb folgt das Hauptverb immer im Infinitiv und steht an letzter Stelle im Satz.
Ich kann morgen nicht zur Arbeit kommen. Willst du später eine Ausbildung machen?

Trennbare Verben

ab	**ab | schließen**	Der Erzieher schließt den Kindergarten ab.
an	**an | melden**	Er meldet sich zum Deutschkurs an.
auf	**auf | schließen**	Sie schließt das Auto auf.
aus	**aus | machen**	Sie macht das Licht aus.
ein	**ein | kaufen**	Er kauft Essen ein.
mit	**mit | bringen**	Sie bringen ein Buch mit.
vor	**vor | stellen**	Er stellt sich beim Chef vor.
hin	**hin | fallen**	Das Kind fällt hin.

Nicht trennbare Verben: ***be**antworten, **ent**fernen, **er**zählen, **ver**kaufen, **zer**brechen, sich **unter**halten*

Artikel und Negation

Schulen / Institutionen stehen mit dem bestimmten Artikel. — *Ich habe **das** Gymnasium **nicht** besucht.*
Abschlüsse stehen meistens mit unbestimmtem Artikel. — *Ich habe **kein** Studium gemacht.*
Berufe stehen ohne Artikel. — *Ich bin Zahnarzt.*

Bei der Berufsberatung

Was fragen Sie?

- ☐ Welcher Beruf passt zu mir?
- ☐ Wie sieht die Ausbildung für einen bestimmten Beruf aus?
- ☐ Muss ich meinen Beruf in Deutschland anerkennen lassen?
- ☐ Wie finde ich eine Arbeit?
- ☐ Welche Weiterbildungsmöglichkeiten habe ich?
- ☐ Was sind die nächsten Schritte hin zu meinem Wunschberuf?
- ☐ ...

Berufliche Ziele

1 Beruf Friseur

a Was macht eine Friseurin / ein Friseur in Deutschland? Was nicht? Was manchmal? Schlagen Sie unbekannte Wörter nach und sprechen Sie zu zweit.

Haare schneiden | Haare rasieren | Haare färben | Dauerwelle machen | Augenbrauen zupfen | Frauen schminken | Schauspieler schminken | Männern den Bart rasieren | Perücken machen

Ein Friseur schneidet Haare.

Eine Friseurin rasiert Haare.

b Wie ist das in Ihrem Land? Was gehört zum Angebot von Friseuren? Und was lassen Sie normalerweise beim Friseur machen? Schreiben Sie in Ihr Heft.

- Bei uns in ... schminken die Friseure (nicht).
- Ich lasse mir beim Friseur die Haare meistens kurz rasieren.

05 **c** Hören Sie den Dialog. Lesen Sie die Fragen und kreuzen Sie an. Manchmal sind zwei Antworten richtig.

1 Was möchte Yasmins Kundin?
- a ☐ eine neue Frisur
- b ☐ die gleiche Farbe wie beim letzten Mal
- c ☐ eine hellere Farbe

2 Was ist die Kundin von Beruf?
- a ☐ Maskenbildnerin
- b ☐ Schauspielerin
- c ☐ Kosmetikerin

3 Welche Wege gibt es, Maskenbildnerin zu werden?
- a ☐ eine duale Ausbildung
- b ☐ eine Ausbildung an einer privaten Schule
- c ☐ eine Weiterbildung

4 Was schlägt die Kundin vor?
- a ☐ dass Yasmin umzieht
- b ☐ dass Yasmin sich Geld leiht
- c ☐ dass Yasmin mal mit ins Theater kommt

GUT ZU WISSEN

Duale Ausbildung: halb im Betrieb, halb in der Berufsschule. So sind die meisten Ausbildungen in Deutschland organisiert.

GRAMMATIK

Der Konnektor **damit** drückt einen Zweck aus. Nach **damit** steht immer ein Nebensatz; das Verb steht am Ende.
Ich lerne Deutsch, ***damit*** *ich Arbeit finde.*

d Sortieren Sie die Sätze. Schreiben Sie die Sätze richtig in Ihr Heft.

1 Die Kundin lässt ihre Haare nachfärben, damit | privat | aussieht | gut | sie.
2 Man braucht eine Ausbildung, damit | kann | werden | man | Maskenbildnerin.
3 Man braucht viel Geld, damit | kann | die Ausbildung an einer privaten Schule | man | bezahlen.
4 Yasmin kann die Maskenbildner im Theater treffen, damit | bekommt | sie | Tipps.

e Beantworten Sie die Fragen und schreiben Sie Sätze mit *damit* in Ihr Heft.

1 Wozu lernen Sie die deutsche Sprache?
2 Wozu braucht man ein B2-Zertifikat?
3 Wozu gehen Sie ins Jobcenter?

2 Ich möchte wissen, wann ...

a Wer fragt das? Hören Sie die Dialoge und ordnen Sie zu. 06

Friseurin

Maler

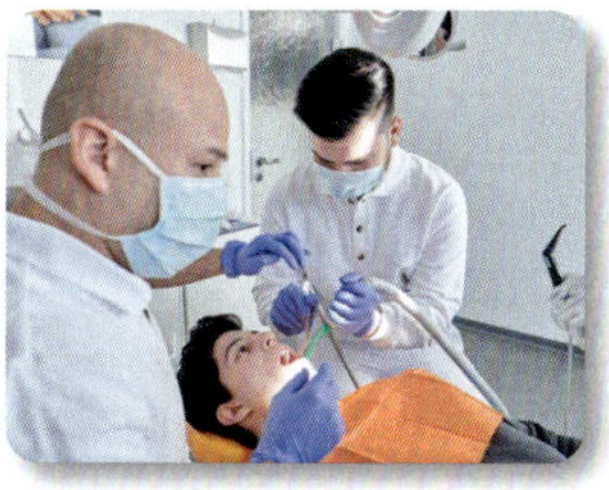
Zahnarzt

Erzieher

Dialog 1 ....

Dialog 2 ....

Dialog 3 ....

Dialog 4 ....

b Hören Sie die Dialoge noch einmal. Ergänzen Sie das passende Fragewort und notieren Sie die Antwort in Stichworten. 06

Wer | Wie | Was | Wann | Wie lange | Wo | Wie viele

GRAMMATIK

Indirekte Fragesätze mit W-Fragen sind höflicher als direkte Fragen.
Ich möchte wissen / Können Sie mir sagen / Es interessiert mich, ***wann*** *die Ausbildung anfängt.*

1 .... kann ich mich als Maler und Lackierer selbstständig machen? ....
2 .... kann ich eine staatliche Ausbildung zur Maskenbildnerin machen? ....
3 .... dauert eine Ausbildung als Erzieher? ....
4 .... braucht man, um als Zahnarzt eine eigene Praxis zu eröffnen? ....

c Was möchten Sie wissen? Bilden Sie indirekte Fragesätze mit W-Fragen.

1 Ich möchte wissen, wann ....
2 Mich interessiert, warum ....
3 Können Sie mir bitte sagen, wie lange ....
4 Es interessiert mich, wo ....

3 Was bringe ich für meinen Beruf mit?

Lesen Sie den Text von Yasmin an die Berufsberatung. Welche Fragen könnte Yasmin bei der Berufsberatung stellen? Schreiben Sie indirekte Fragen in Ihr Heft.

Nach meinem Schulabschluss mit 16 Jahren habe ich meine Ausbildung zur Friseurin gemacht. Schon während der Schulzeit habe ich im Friseursalon und bei einer Kosmetikerin gejobbt und mich für den Beruf der Maskenbildnerin interessiert. Nach der Ausbildung arbeitete ich für zwei Jahre im gleichen Salon weiter, danach war ich für zwei Jahre in einem anderen Friseursalon. Meine jetzige, dritte Stelle habe ich seit einem Jahr. Nach mehreren Jahren Arbeit als Friseurin möchte ich mich nun konkret nach Möglichkeiten erkundigen, Maskenbildnerin zu werden.

4 Das sind meine Stärken.

a Andres Zambrano hat bald ein Gespräch mit einer Berufsberaterin und füllt vorher ein Formular für Schulabgänger aus. Was passt wo? Ordnen Sie zu.

Fragen | Stärken | Beruf | Interessen | Schwächen

1 Was suchen Sie? ☐ Studium ☒ Ausbildung ☐ Job

2 Was haben Sie schon getan, um einen Beruf zu finden? *Internetrecherche, Erfahrung als Au-pair*

3 Was sind Ihre …………? *Musik, Sport, Basteln mit Holz, Arbeit mit Kindern*

4 Was sind Ihre …………? Wie sind Sie? *kreativ, geduldig, teamfähig, lernbereit*

5 Welche ………… haben Sie? *wenig (Büro-)Organisation*

6 Für welchen ………… interessieren Sie sich besonders? *Erzieher*

7 Welche ………… haben Sie? *Wie sieht die Ausbildung in meinem Fall aus? Wo können Erzieher arbeiten?*

b Was sind Stärken, was sind Schwächen? Machen Sie zwei Listen in Ihr Heft. Schlagen Sie unbekannte Wörter nach.

flexibel, teamfähig, hilfsbereit, schüchtern, kreativ, freundlich, belastbar, geduldig, kontaktfreudig, tolerant, unorganisiert, verantwortungsbewusst, mobil, eigeninitiativ, keine Englischkenntnisse, konzentrationsfähig, zuverlässig, pünktlich, lernbereit, selbstbewusst

c Vergleiche: Wie sind die Formen? Ergänzen Sie und präsentieren Sie, wie man Vergleiche in Ihrer Sprache ausdrückt.

GRAMMATIK

-er | -sten | wie | als | am | genauso

	Tamer ist …1… zuverlässig …2… Ahmed.
Komparativ:	*Ich bin heute viel organisiert …3… …4… vor drei Jahren.*
Superlativ:	*Katy ist …5… kreativ …6… von uns allen.*

5 Lebenslanges Lernen

a Markieren Sie die Wörter in der Wortschlange und ordnen Sie sie den Definitionen zu.

SDWEITERBILDUNGQPWNACHQUALIFIZIERUNGFPSAU-PAIRTRYAUSBILDUNGORUPRAKTIKUMRTFÜSTUDIUMIO

1 Man lernt einen Beruf, im Betrieb und an der Berufsschule: …………

2 Man probiert einen Beruf in einem Betrieb aus: …………

3 Man studiert ein Fach an der Universität: …………

4 Man hat schon einen Beruf und lernt in einem Bereich noch mehr dazu: …………

5 Man lebt im Ausland bei einer Familie und hilft bei der Kinderbetreuung: …………

6 Man erwirbt ein Zertifikat, damit man in seinem Beruf (weiter) arbeiten kann: …………

b Bei der Berufsberatung: Wer hat welche Frage? Hören Sie und ordnen Sie zu. 07

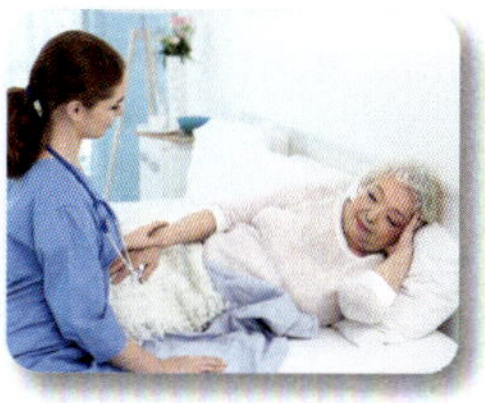

.... | .... | *Frage 2* | .... | ....

GRAMMATIK

Indirekte Fragen mit **ob** sind höflicher als Ja- / Nein-Fragen. Man bildet sie als Nebensatz, dabei steht das Verb am Ende.
*Ich möchte wissen, **ob** Sie auch am Freitagnachmittag Termine vergeben.*

c Hören Sie noch einmal und ergänzen Sie. 07

1 Ich studiere Biologie und möchte gerne wissen, ... man einen Praktikumsplatz im Ausland findet.
2 Können Sie mir sagen, ... man als Erzieher auch mit größeren Kindern arbeiten kann?
3 Mich würde interessieren, ... ich in Deutschland eine Nachqualifizierung als Arzt machen muss.
4 Ich weiß gar nicht, ... man in der Ausbildung als Elektroinstallateur Geld verdient.
5 Ich suche eine Weiterbildung. Können Sie mir sagen, ... es da Möglichkeiten gibt?

d Wandeln Sie die direkten Fragen aus 2b in indirekte Fragen um.

....

e Schreiben Sie indirekte Fragen mit *ob* an den Berufsberater.

....

6 Erfahren Sie mehr durch die Berufsberatung.

08 **a** Hören Sie den Dialog: richtig oder falsch? Kreuzen Sie an.

		✓	✗
1	Frau Carescu hat einen Termin bei der Berufsberatung.	☐	☐
2	Sie erkundigt sich nach Ausbildungen in der Pflege.	☐	☐
3	Im Moment arbeitet sie in der Verwaltung.	☐	☐
4	Sie ist unzufrieden mit ihren Arbeitszeiten.	☐	☐
5	Der Berater schlägt eine Fortbildung vor.	☐	☐
6	Frau Carescu ist nicht interessiert.	☐	☐

b Lesen Sie den Dialog und markieren Sie die Präpositionen.

von | für | mit | bei | aus | ohne | nach | zu | durch | seit

Frau Carescu: Guten Tag, mein Name ist Carescu. Ich habe mit meinem Berater Herrn Rohde um 11:30 Uhr einen Termin.

Herr Rohde: Guten Tag, Frau Carescu. Was kann ich für Sie tun?

Frau Carescu: Ich möchte mich beruflich verändern, denn seit einiger Zeit habe ich durch den Nachtdienst gesundheitliche Probleme. Und von einer Kollegin habe ich gehört, dass Sie eine gute Beratung zum Thema Weiterbildung anbieten. Ich möchte schon gern weiter in meinem Beruf arbeiten, aber am liebsten ohne die Schichtarbeit.

Herr Rohde: Was sind Sie denn von Beruf?

Frau Carescu: Ich bin seit 15 Jahren Altenpflegerin. Wenn ich vielleicht mehr organisieren und weniger pflegen könnte...

Herr Rohde: Ich kann gut verstehen, dass Sie nach 15 Jahren aus der Schichtarbeit aussteigen möchten. Das wird für viele Menschen irgendwann zum Problem bei den Pflegeberufen. Sie könnten zum Beispiel eine Fortbildung in Altenpflege-Koordination machen. Da arbeitet man dann mehr in der Verwaltung.

Frau Carescu: Das klingt gut. Wie lange dauert diese Fortbildung?

GRAMMATIK

Präpositionen mit Dativ und Akkusativ

Manche Präpositionen haben einen festen Kasus, das heißt, sie stehen immer mit dem Dativ oder dem Akkusativ.

Präpositionen mit **Dativ**:
aus, bei, mit, nach, seit, von, zu

Präpositionen mit **Akkusativ**:
für, durch, ohne

c Ergänzen Sie und beantworten Sie die Fragen in der Gruppe.

wen | welchem | welcher | wem | wem

Von .... kann man gute Berufstipps bekommen?

Mit .... können Sie gut zusammenarbeiten?

Durch .... kann man eine Arbeit finden?

Zu .... Beruf hätten Sie gern mehr Informationen?

Bei .... Firma würden Sie gern arbeiten?

7 Berufliche Anerkennung

a Lesen Sie den Text und ergänzen Sie die fehlenden Wörter.

nennen | empfehlen | erklären | finden | beantragen | helfen | übersetzen | erlauben

Die berufliche Anerkennung in Deutschland ist ein offizielles Verfahren: Dabei wird geprüft, ob Ihre Ausbildung gleichwertig mit der entsprechenden Ausbildung in Deutschland ist. Für manche Berufe ist die Anerkennung Pflicht: Das Gesetz ……1…… dann nur den Menschen mit beruflicher Anerkennung die Ausübung ihres Berufs, zum Beispiel bei Ärzten, Krankenpflegern, Lehrern, Erziehern und Ingenieuren. Bei vielen anderen Berufen ……2…… Berufsberater den Migranten die berufliche Anerkennung, weil man damit bessere Chancen hat, eine Arbeit zu ……3……. Welche Stelle für die Prüfung der Unterlagen zuständig ist, hängt vom Beruf ab. Deshalb ist es sinnvoll, zuerst zu einer Beratungsstelle für berufliche Anerkennung zu gehen – die Berater dort ……4…… Ihnen: Sie ……5…… Ihnen das Anerkennungsverfahren und ……6…… Ihnen die richtigen Ansprechpartner. Die Prüfung dauert dann meistens mehrere Monate. Vorher muss man viele Dokumente aus dem Heimatland ……7…… lassen und einreichen. Das kostet einiges an Zeit und auch Geld. Wenn man dieses Geld nicht hat, kann man finanzielle Hilfe ……8…….

b Lesen Sie den Text noch einmal und beantworten Sie die Fragen in Ihrem Heft.

1 Für welche Berufe braucht man eine berufliche Anerkennung?
2 Warum ist die Anerkennung auch bei anderen Berufen manchmal sinnvoll?
3 Wohin sollte man zuerst gehen, wenn man eine berufliche Anerkennung will?
4 Wie lange dauert das Anerkennungsverfahren ungefähr?
5 Was muss man selbst vorher tun?

c Mit welchem Kasus stehen die Verben aus 7a? Ordnen Sie zu und ergänzen Sie die Liste.

Verben mit **Akkusativ**: ……………………

Verben mit **Dativ**: *antworten, gefallen, danken*

Verben mit **Dativ** und **Akkusativ**: *geben, erzählen, zeigen, wünschen, schenken*

GRAMMATIK

Dativ-und Akkusativergänzungen

Wenn ein Verb ein Objekt hat, steht es meistens im Akkusativ. Nur wenige Verben brauchen ein Dativobjekt. Manche Verben haben ein Dativ- und ein Akkusativobjekt, dabei steht die Person im Dativ, die Sache im Akkusativ: *Ich empfehle **dir eine Berufsberatung**.*

d Bilden Sie fünf Sätze, davon mindestens drei Fragen. Sprechen Sie mit Ihrer Partnerin / Ihrem Partner.

antworten	dir	die Dokumente
empfehlen	mir	die Arbeit
erklären	meiner Schwester	die Anerkennung
helfen	dem Berufsberater	eine Beratung
beantragen	du	den Lebenslauf
übersetzen	er	das Zeugnis
zeigen	sie	

Beantragst du bald die Anerkennung?

Hat dir ein Berufsberater geholfen?

8 Ich habe noch nicht gearbeitet.

a Andres Zambrano möchte Erzieher werden. Was denken Sie, wo kann man als Erzieher / in arbeiten? Was braucht man, um Erzieher / in zu werden? Sammeln Sie Ideen.

09 **b** Hören Sie den Dialog und notieren Sie beim Hören die wichtigsten Informationen. Sammeln Sie danach die Informationen im Kurs und nutzen Sie, wo möglich, das Perfekt.

Andres ist zur Berufsberatung gegangen.

Andres hat Frau Rieger Fragen zur Ausbildung gestellt.

GRAMMATIK

Perfekt
Das Perfekt wird vor allem in der gesprochenen Sprache verwendet.
haben / sein + Partizip II
*Die Berufsberaterin **hat** mir gut geholfen.*

c Lesen Sie die E-Mail von Andres an einen Freund. Unterstreichen Sie alle Präteritumformen.

An: gustav.grave@gmail.de
Betreff: Neuigkeiten

Lieber Gustav,
ich war bei der Berufsberatung und möchte dir davon berichten. Ich hatte ein paar Fragen zur Ausbildung als Erzieher und bekam auch alle Antworten, aber ich bin ein bisschen verwundert: Die Berufsberaterin sagte, die Ausbildung dauert insgesamt fünf Jahre, weil man vorher noch eine andere Ausbildung machen muss, zumindest hier in Bremen. Was mich am meisten schockierte, ist, dass man vier Jahre lang kein Geld verdient! Ich verstehe das nicht: Deutschland braucht so dringend Erzieher, und dann wird das so schwer gemacht? Ich glaube, die Beraterin findet das selbst nicht logisch. Sie war sehr nett. Allerdings musste ich anderthalb Stunden auf meinen Termin warten ... Ich muss jetzt nochmal in Ruhe überlegen. Vielleicht gehe ich auch in ein anderes Bundesland, wo es ein bisschen leichter ist. Denn eigentlich wollte ich gerne Erzieher werden. Wie geht es dir? Wie sind deine Pläne im Moment?
Liebe Grüße
Andres

GRAMMATIK

Präteritum ist eine Vergangenheitsform, die meistens schriftlich verwendet wird.
Besonders in Zeitungsartikeln und literarischen Texten trifft man häufig auf Präteritumformen.
*Die Berufsberaterin **beriet** mich gut.*

d Schreiben Sie eine Antwort an Andres in Ihr Heft. Verwenden Sie das Präteritum.

- Was denken Sie über die Erzieherausbildung in Bremen?
- Schreiben Sie über Ihre Erfahrungen mit Beratung oder Ämtern.
- Schreiben Sie über Ihre Berufswünsche oder -pläne.

9 Lernspiel: Berufsberatung

Schritt 1 Schreiben Sie Ihre Stärken und Schwächen in die Tabelle und vergleichen Sie sie mit Ihrer Partnerin / Ihrem Partner.

Stärken	Schwächen

Schritt 2 Jeder Teilnehmer in der Gruppe erhält nun zwei Zettel und schreibt zwei Fragen oder Probleme auf. Verwenden Sie auch indirekte Fragen und Perfektformen. Sie können zum Thema Beruf sein, zum Deutschlernen oder zu einem anderen Alltagsthema in Deutschland. Schreiben Sie Ihren Namen darunter, wenn es nötig ist.

Ich möchte wissen, ob ich eine Ausbildung oder ein Studium machen soll.

Wo bekommt man eine gute Berufsberatung?

Welcher Beruf passt zu meinen Stärken? Stefano

Ich habe meinen Berufsberater nicht gut verstanden! Was kann ich tun?

Dann werden alle Zettel eingesammelt und gemischt.

Schritt 3 Jeder zieht zwei Zettel (nicht die eigenen!) und schreibt eine Antwort. Beantworten Sie Fragen und geben Sie Ratschläge bei Problemen.

Schritt 4 Hängen Sie die Zettel im Raum auf. Alle gehen herum und lesen die Fragen und Antworten. Ergänzen Sie, wenn Ihnen noch etwas einfällt.

Schritt 5 Sprechen Sie in Kleingruppen über die Fragen und die Antworten. Vielleicht kommen noch mehr Ideen?

Sprachbausteine

Beruf Friseur / Maskenbildner
Haare schneiden / rasieren / färben
eine Dauerwelle machen
schminken
den Bart rasieren
Perücken machen

Lernen
das Praktikum, die Ausbildung, das Studium, die Nachqualifizierung, die Weiterbildung

Stärken
flexibel, teamfähig, hilfsbereit, kreativ, freundlich, belastbar, geduldig, kontaktfreudig, tolerant, verantwortungsbewusst, mobil, eigeninitiativ, konzentrationsfähig, zuverlässig, pünktlich, lernbereit, selbstbewusst

Schwächen
unorganisiert, unpünktlich, schüchtern

Grammatik

Finalsätze

Der Konnektor **damit** drückt einen **Zweck** aus, also, wozu etwas geschieht. Nach **damit** steht immer ein Nebensatz, das heißt, die Verben stehen am Ende:
*Ich lerne weiter Deutsch, **damit** ich eine gute Arbeit bekomme.*

Indirekte Fragen

W-Fragen
Wann beginnt die Ausbildung? ⟶ Er möchte wissen, wann die Ausbildung beginnt.

Ja- / Nein-Fragen
Dauert die Ausbildung drei Jahre? ⟶ Er möchte wissen, ob die Ausbildung drei Jahre dauert.
Bei indirekten Fragen kommt das Verb immer ans Ende.

Formen der Vergangenheit

Zeitform	Beispielsatz	Funktion
Perfekt	Ich **habe** gestern **gearbeitet**.	beim Sprechen und auch in E-Mails
Präteritum	Ich **arbeitete** von früh bis spät.	in Zeitungstexten und in der Literatur

Präpositionen mit Akkusativ und Dativ

Akkusativ	durch, für, bis, um, ohne, gegen
Dativ	von, bis, aus, seit, nach, mit, zu, außer

Verben mit Dativ und Akkusativ

Dativ	helfen, gefallen, antworten, gehören, schmecken
Akkusativ	besuchen, bekommen, brauchen, fragen, kennen, beantragen, übersetzen
Dativ und Akkusativ	erklären, empfehlen, zeigen

Adjektivsteigerung
Positiv: *Tamer ist **genauso** zuverlässig **wie** Ahmed.*
Komparativ: *Ich bin heute viel organisiert**er** als vor drei Jahren.*
Superlativ: *Katy ist **am** kreativ**sten** von uns allen.*

Regelmäßige Formen
schön ⟶ schöner ⟶ am schönsten
klein ⟶ kleiner ⟶ am kleinsten
groß ⟶ gr**ö**ßer ⟶ am gr**ö**ßten

Auf Jobsuche

Wie kann man einen Beruf / eine Arbeit finden?

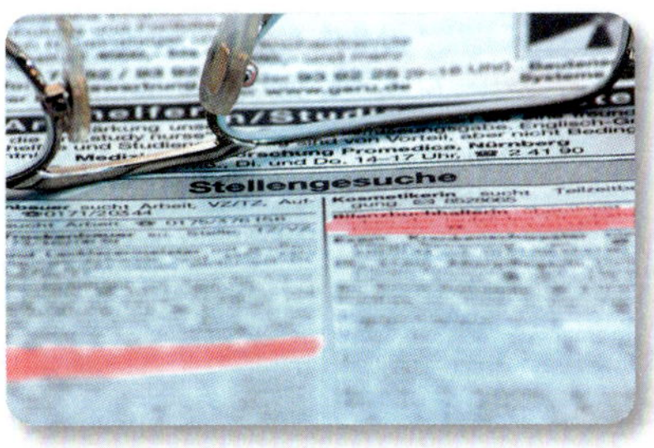

1 Sich über Berufe informieren

a Wo kann man Informationen zu Jobs und Berufen bekommen? Sammeln Sie im Kurs.

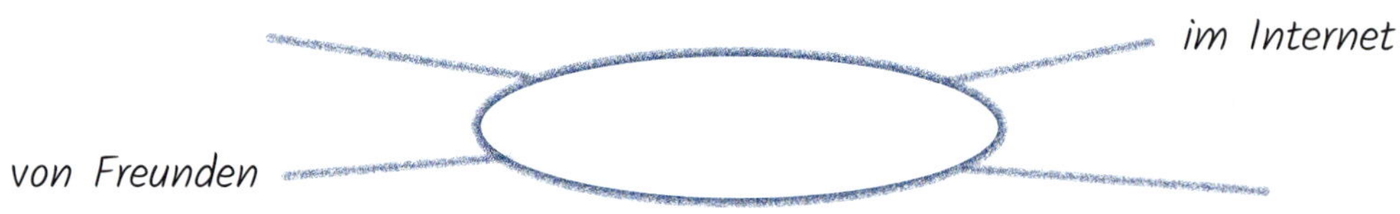

10 **b** Hören Sie die Informationen. Um welchen Beruf oder Job geht es? Was ist die Informationsquelle? Notieren Sie.

	Text 1	Text 2	Text 3
Beruf / Job			*Elektroniker für Energie- und Gebäudetechnik*
Quelle	*Gespräch unter Freunden*		

2 Berufsprofil: Busfahrer

a Lesen Sie den Text aus einer Berufsbroschüre und kreuzen Sie an: richtig oder falsch?

Berufsprofil: Busfahrer
Als Busfahrer*in im öffentlich**en** Nahverkehr haben Sie einen abwechslungsreich**en** Arbeitsalltag und viel Verantwortung. Sie sollten sicher Auto fahren, Spaß am Umgang mit schwierig**en** Kunden haben und auch in stressig**en** Situationen ruhig bleiben. Die dual**e** Ausbildung dauert drei Jahre, der Busführerschein ist inklusive. Und ein sicher**er** Arbeitsplatz danach in der Regel auch.

		✓	✗
1	Der Umgang mit Kunden ist ein wichtiger Teil des Berufs.	☐	☐
2	Wenn man im Verkehr schnell zu gestresst ist, dann ist das nicht der richtige Beruf.	☐	☐
3	Vor der Ausbildung braucht man schon den Busführerschein.	☐	☐

b Lesen Sie 2a noch einmal und ergänzen Sie die Tabelle.

GRAMMATIK

Adjektivdeklination nach dem best. Artikel

	m.	f.	n.	Pl.
Nom.		1		
Akk.				
Dat.		2		
Gen.				

GRAMMATIK

Adjektivdeklination nach dem unbest. Artikel

	m.	f.	n.	Pl.
Nom.	3	-e	-es	-e
Akk.				
Dat.		4		
Gen.				-er

c Schreiben Sie einen Aushang wie im Beispiel zu folgenden Punkten. Verwenden Sie Adjektive.

- Bereich / Beruf
- Erfahrung / Qualifikation
- Arbeitszeiten

Eine zuverlässige Studentin mit Au-pair-Erfahrung sucht einen flexiblen Job in der Kinderbetreuung, nachmittags nach Absprache oder abends.

3 Informationen online recherchieren

a Was finden Sie unter *www.berufenet.arbeitsagentur.de*? Bearbeiten Sie die Fragen und sprechen Sie im Kurs.

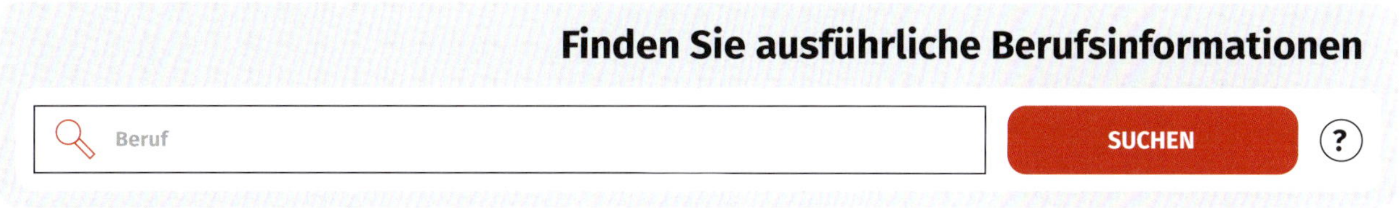

1 Welche Suchmöglichkeiten finden Sie weiter unten? Notieren Sie die Kategorien.
2 Was ist MINT? Was sind reglementierte Berufe? Klicken Sie auf die Kategorie und suchen Sie die Erklärung.
3 Geben Sie in die Suchmaske den Beruf Verkäufer / in ein und lesen Sie die Kurzbeschreibung. Wie lange dauert die Ausbildung? Wo arbeiten Verkäufer meistens?
4 Suchen Sie Informationen über zwei Berufe, die Sie interessieren. Recherchieren Sie die Tätigkeiten, die Ausbildungsdauer und die Zugangsvoraussetzungen. Präsentieren Sie Ihre Ergebnisse in der Kleingruppe.
5 Auf der Seite *www.berufe.tv* finden Sie Filme zu Berufen und Berufsfeldern. Suchen Sie die Berufe und Berufsfelder aus den vorherigen Aufgaben als Filme. Welche neuen Informationen bekommen Sie dort? Sprechen Sie in der Gruppe.

b Kennen Sie andere Seiten über Berufe im Internet? Sprechen Sie im Kurs.

4 Der Beruf Schweißer

a Was passt nicht? Streichen Sie das falsche Wort durch.

Tätigkeit
Metallteile zusammenschweißen / zusammenkleben

Arbeitsorte z. B.
Baustellen / Arztpraxen / Schlossereien / Schweißereien

b Hören Sie Ausschnitte aus einem Vortrag. Was passt? Kreuzen Sie die richtigen Sätze an. 11

1 In Deutschland …
a ☐ fehlen Handwerker. b ☐ braucht man Arbeitskräfte in allen Bereichen.

2 In der Aktionswoche …
a ☐ kann man handwerkliche Berufe ausprobieren. b ☐ kann man eine Ausbildung beginnen.

3 Schweißer wird man …
a ☐ in einer dreijährigen Ausbildung. b ☐ in einem 15-wöchigen Lehrgang.

4 Bei diesem Angebot lernt man gleichzeitig …
a ☐ Fachdeutsch für Schweißer. b ☐, wie man sich auf offene Stellen bewirbt.

5 Weiterbildungsangebote

Lesen Sie die Anzeigen und füllen Sie die Tabelle aus.

1 Die Volkshochschule bietet an:
02.03.–28.06., Mo.–Fr.
08:30–13:00 Uhr
Deutsch für Pflegeberufe
Mündliches und schriftliches Deutsch in den typischen Situationen der Kranken- und Altenpflege
– Förderung durch die Agentur für Arbeit –
Voraussetzung: bestandene B2-Prüfung

2 Endlich den Meister machen? Wir bereiten Sie vor!
Meistervorbereitungslehrgang für Maler und Lackierer, Schwerpunkt Fahrzeuglackierung, Teile I+II
in Teilzeit, Di.+Do. 18:00–21:15 Uhr, 06.05.2020–27.05.2021
Kosten: 6800 €, Förderung möglich.
Zugangsvoraussetzung: Ausbildung als Maler und Lackierer, mind. 3 Jahre Berufserfahrung
Berufsbildungsstätte Koblenz – wir bringen Sie voran!

3 Weiterbildungsinstitut
Bewerbungstraining
Kompaktes Bewerbungstraining an einem Wochenende für alle Phasen der Bewerbung, vom Lebenslauf bis zum Vorstellungsgespräch.
Mit Rollenspielen und Video-Simulation.
Max. 8 Teilnehmer.
Fr. 18.05. 15–18 Uhr
Sa. 19.05. 10–16 Uhr
Kosten: 160 Euro

	Anzeige 1	Anzeige 2	Anzeige 3
Kurstitel			
Dauer			
Anbieter			
Vorkenntnisse			
Kosten			

6 Ich muss mich neu orientieren.

12 **a** Hören Sie das Gespräch und beantworten Sie die Fragen in Ihrem Heft.

1 Warum verliert Kofi Dwenger bald seinen Arbeitsplatz?
2 Welche Möglichkeiten überlegt er sich?
3 Was rät ihm sein Freund?
4 Welche Anzeigen aus 5 könnten Kofi interessieren?

b Reflexivpronomen: Ordnen Sie zu. Die Kästen helfen.

GRAMMATIK

Reflexivpronomen im Akkusativ

ich	du	er, sie	wir	ihr	sie, Sie
mich	**dich**	sich	uns	euch	sich

*Ich beeile **mich**.*

GRAMMATIK

Reflexivpronomen im Dativ

ich	du	er, sie	wir	ihr	sie, Sie
mir	**dir**	sich	uns	euch	sich

*Ich ziehe **mir** die Jacke an.*

1 Kofi Dwenger muss
2 Hast du
3 Wollen wir
4 Kofi und sein Kollege unterhalten
5 Was habt ihr

a dich schon nach neuen Stellen erkundigt?
b sich viel über verschiedene Möglichkeiten.
c euch schon alles überlegt?
d uns zusammen selbstständig machen?
e sich eine neue Arbeit suchen.

7 Neue Stelle gesucht

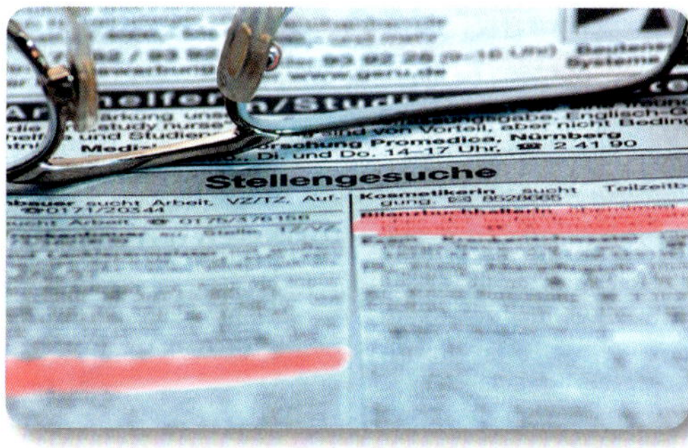

a Was sind die Vor- und Nachteile von Stellengesuchen in Zeitungen? Sprechen Sie zu zweit.

Man ist der einzige Bewerber.

Ist das nicht altmodisch?

Ist das nicht teuer? Lohnt sich das?

…

Man kann mehrere Angebote bekommen.

b Wo könnte man ein Stellengesuch aufgeben? Sammeln Sie.

c Recherchieren Sie mindestens ein Internetportal für Stellengesuche, eine Fachzeitschrift für Ihren (gewünschten) Bereich und eine Lokalzeitung.

d Kofi Dwenger gibt ein Stellengesuch in einer Lokalzeitung auf. Lesen Sie und ergänzen Sie.

Erfahrung | Maler | Stelle | Fachwortschatz | Beruf

> Zupackender ……………, 40, seit 20 Jahren im ……………, davon 3 Jahre in Deutschland, sucht neue …………… im Raum Koblenz. …………… im Außen- und Innenbereich, an Alt- und Neubau. Deutsch auf Niveau B1 / B2 mit gutem ……………. Zuschriften unter T 241703.

e Schreiben Sie selbst ein Stellengesuch wie in 7d. Gehen Sie auf mindestens drei Punkte ein.

- Welche Berufserfahrung bringen Sie mit? Haben Sie eine Spezialisierung?
- Welche Stärken haben Sie? Nennen Sie eine oder zwei.
- Wo suchen Sie?
- Welche Art von Arbeit suchen Sie? Eine Stelle, eine freiberufliche Tätigkeit? Vollzeit / Teilzeit?

8 Arbeitsvermittlung

a Kofi Dwenger gibt seine Daten auch einer Arbeitsvermittlung. Er füllt ein Onlineformular aus und schreibt dort einen kurzen Text über sich. Was schreibt er wo? Markieren und verbinden Sie.

Grund für Stellensuche | Ausbildung | Deutschkenntnisse | Arbeitserfahrung | Fachkenntnisse

> In meinem Heimatland Ghana habe ich die Ausbildung als Maler gemacht und dann 14 Jahre lang in drei unterschiedlichen Betrieben gearbeitet. Vor sechs Jahren bin ich nach Deutschland gekommen und seit 3 Jahren arbeite ich bei der Firma *Kolores*. Weil mein Chef Ende des Jahres in Rente geht und den Betrieb schließt, suche ich eine neue Stelle in Vollzeit im Raum Koblenz. Ich habe Erfahrung im Innen- und im Außenbereich, an Alt- und Neubauten und kenne die Arbeitsabläufe in kleinen und in großen Betrieben. Mein Deutsch ist zwischen B1 und B2. Ich besitze einen guten Fachwortschatz.

b Schreiben Sie einen ähnlichen Text über sich in Ihr Heft.

9 Anmeldung zur Fortbildung

13

a Andres Zambrano hat einen Hinweis auf Berufssprachkurse gesehen und möchte sich gerne anmelden. Hören Sie das Gespräch, lesen Sie die Aussagen dazu: richtig oder falsch? Kreuzen Sie an.

Volkshochschule (VHS) Bremen
Berufssprachkurse (B2 / C1)
Nächste Kursstarts: C1 am Nachmittag: 15.07.
B2 am Vormittag: 13.08.
Terminvergabe für die Anmeldung:
daz@volkshochschulehb.de oder Tel. 0421 / 43 65 53

		✓	✗
1	Andres Zambrano möchte sich für einen C1-Kurs anmelden.	☐	☐
2	Er meldet sich telefonisch für den Kurs an.	☐	☐
3	Für den Deutschkurs braucht man eine Berechtigung von der Arbeitsagentur.	☐	☐
4	Der Kurs ist kostenlos.	☐	☐
5	Der nächste Schritt ist ein Termin bei der Agentur für Arbeit.	☐	☐

b Was sagt Andres, was sagt die VHS-Mitarbeiterin? Kreuzen Sie an.

		Andres	VHS-Mitarbeiterin
1	Ich würde mich gern für einen B2-Berufssprachkurs anmelden.	☐	☐
2	Könnten Sie mich bitte mit Frau Behrens verbinden?	☐	☐
3	Hätten Sie vormittags Zeit für die Anmeldung?	☐	☐
4	Für die Anmeldung müssten Sie persönlich vorbeikommen.	☐	☐
5	Sie müssten einige Unterlagen mitbringen.	☐	☐
6	Welche Unterlagen wären das?	☐	☐

c Lesen Sie die Sätze in 9b noch einmal und markieren Sie die Formen des Konjunktiv II.

d Ordnen Sie zu.

GRAMMATIK

Konjunktiv II

sein | Vollverben | haben | Modalverben

..........1..........: *Ich **würde** gern eine Fortbildung buchen.*

..........2..........: ***Könnten** Sie mich bitte zurückrufen?*

..........3..........: *Ich **hätte** noch eine Frage.*

..........4..........: *Welche Unterlagen **wären** das?*

GRAMMATIK

Formen des Konjunktiv II

sein	wäre
haben	hätte
werden	würde
können	könnte
sollen	sollte
müssen	müsste
dürfen	dürfte

e Führen Sie zu zweit ein Telefongespräch wie in 9a: Person A möchte eine Weiterbildung buchen, Person B gibt die Informationen. Spielen Sie das Gespräch anschließend im Kurs vor.

10 Was wären meine Möglichkeiten?

a Was passtnicht? Streichen Sie die falschen Verben durch. Ordnen Sie dann die Bilder den Aussagen zu.

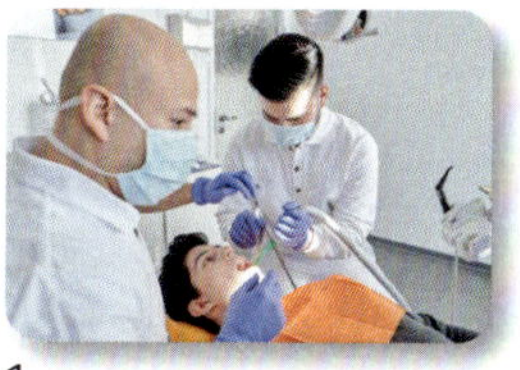
1

3

2

4

- ☐ Wenn ich Maskenbildnerin *wäre* | *hätte*, würde ich am Theater arbeiten.
- ☐ Ich *würde* | *hätte* mehr Möglichkeiten, wenn ich die berufliche Anerkennung *wäre* | *hätte*.
- ☐ Die Erzieher-Ausbildung *wäre* | *könnte* kürzer, wenn ich in Baden-Württemberg leben *wäre* | *würde*.
- ☐ Wenn ich eine eigene Zahnarztpraxis *müsste* | *hätte*, *könnte* | *wäre* ich mir meine Arbeitszeiten aussuchen.

b Was wäre, wenn ...? Ergänzen Sie die Sätze. Sprechen Sie zu zweit.

1 Ich würde einen Beruf lernen, wenn ...
2 Wenn ich vom Staat 1.500 Euro Grundeinkommen bekommen würde, ...
3 Ich würde viel mehr Geld verdienen, wenn ...
4 Wenn ich Deutsch schon auf dem Niveau B2 sprechen würde, ...
5 Ich hätte ganz andere berufliche Möglichkeiten, wenn ...
6 Wenn ich Arbeitsministerin in der deutschen Regierung wäre, ...

GRAMMATIK

Irreale Bedingungssätze
*Ich **könnte** studieren, wenn ich das Abitur **hätte**.*
*Wenn ich besser Deutsch sprechen **würde**,*
***hätte** ich beruflich mehr Möglichkeiten.*

11 Übersetzung und Beglaubigung

a Kofi Dwenger spricht mit einem Freund aus seinem ehemaligen Deutschkurs. Hören Sie den Dialog und ergänzen Sie die fehlenden Wörter. 14

besorgen | übersetzen | beglaubigte | beglaubigen | beantragen | Arbeitszeugnisse | Anerkennung | Abschlusszeugnis

▶ Sag mal, du hast doch deine berufliche .... 1 .... schon, oder?

▷ Ja, seit zwei Jahren. Man muss ziemlich viele Dokumente .... 2 ...., aber für mich hat es sich gelohnt.

▶ Ich überlege auch, die Anerkennung zu .... 3 .... Welche Dokumente braucht man dafür?

▷ Das kommt auf den Beruf an. Dein Beruf ist ja nicht reglementiert, deshalb brauchst du wohl vor allem das .... 4 .... von deiner Ausbildung und .... 5 .... von Arbeitgebern. Die musst du dann .... 6 .... und .... 7 .... lassen.

▶ Aha, und wo lässt man das machen?

▷ Bei einem Übersetzungsbüro. Sie erstellen .... 8 .... Übersetzungen.

b Fassen Sie die Informationen von Kofis Freund zusammen. Was ist eine Beglaubigung? Schreiben Sie in Ihr Heft.

c Spielen Sie den Dialog aus 11a zu zweit.

12 Ich mache mich selbstständig.

a Lesen Sie die Blogeinträge von Unternehmensgründern und die Sätze. Welcher Satz passt zu welchem Text? Ordnen Sie zu.

Burak, 15.06. 20:00 Uhr
Zusammen mit der Stadt haben wir, 20 kochbegeisterte Migranten, ein neuartiges Unternehmen gegründet: eine Markthalle, in der Imbissstände Essen aus aller Welt anbieten. Nächste Woche wird der Bürgermeister die Halle eröffnen – hoffentlich klappt alles!

Delali, 04.05. 15:34 Uhr
Ich bin Einzelunternehmerin und verkaufe selbst gemachten Schmuck mit Materialien aus Togo. Ich verkaufe ihn auf Märkten und Stadtfesten, seit Kurzem auch bei mehreren Plattformen im Internet. Bald werde ich meinen eigenen Onlineshop haben. Für diese Internetpräsenz hatte ich Hilfe, genauso wie bei der Anmeldung als Unternehmerin. Das war wichtig für mich!

Hiba, 25.03. 8:45 Uhr
Wir sind drei Informatiker aus Syrien und haben unsere eigene Software-Firma gegründet. Unsere Apps helfen Migranten, die neu in Deutschland sind. Zum Beispiel haben wir einen Behörden-Finder und ein Phrasenbuch für Alltagssituationen. Bald wird es eine App mit Informationen für Migranten geben, die ein Unternehmen gründen wollen. Alles Dinge, die wir selbst gern gehabt hätten!

Sami, 03.02. 23:25 Uhr
Letztes Jahr habe ich mit einer Freundin ein Unternehmen gegründet: Wir verkaufen Bio-Reis. Bis jetzt nur Basmati-Reis aus Indien, aber nächstes Jahr werden wir auch Risotto-Reis aus Italien anbieten. Das Geschäft ist gut angelaufen, wir sind viel auf Märkten und Messen unterwegs. Wir können den Reis günstig anbieten, weil wir ihn in Großpackungen verkaufen. Auf die Idee sind wir gekommen, weil wir finden, dass in Deutschland zu wenig Reis gegessen wird.

		Burak	Delali	Hiba	Sami
1	Wir verkaufen ein Nahrungsmittel.	☐	☐	☐	☐
2	Unsere Produkte sind digital.	☐	☐	☐	☐
3	Ich verkaufe vor Ort und online.	☐	☐	☐	☐
4	Unser Produkt wird in Deutschland noch zu wenig konsumiert.	☐	☐	☐	☐
5	Die Stadt unterstützt uns.	☐	☐	☐	☐
6	Ich habe keine Geschäftspartner.	☐	☐	☐	☐
7	Die Eröffnung kommt noch.	☐	☐	☐	☐
8	Unsere Produkte helfen Menschen in unserer Situation.	☐	☐	☐	☐

b Markieren Sie die Formen des Futur I im Text aus 12a.

GRAMMATIK
Futur I: werden + Infinitiv
*Ich **werde** bald ein Unternehmen gründen.*

c Ergänzen Sie die passende Form von *werden* und sprechen Sie mit Ihrer Partnerin / Ihrem Partner.

1 Wann ………… wir die B2-Prüfung schaffen?
2 Wie viel Geld ………… du später verdienen?
3 Was ………… ihr diesen Sommer machen?
4 Wie ………… unser Leben in 5 Jahren sein?
5 Wie ………… die Menschen in 100 Jahren arbeiten?

d Sprechen Sie in der Gruppe: Welche (neu gegründeten) Unternehmen finden Sie interessant? Werden die Unternehmen erfolgreich sein? Warum (nicht)?

13 Lernspiel: Berufe raten

Wie viele Berufe kennen Sie? Beschreiben Sie Berufe im folgenden Spiel.

1. Setzen Sie sich in 3er- oder 4er- Gruppen zusammen.
2. Schreiben Sie zusammen in Ihrer Gruppe 6 Berufe auf einzelne Karten und geben Sie diese an die nächste Gruppe weiter.
3. Legen Sie in Ihrer Gruppe die Karten, die Sie bekommen haben, umgekehrt in die Mitte des Spielfelds.
4. Nun beginnt das Spiel. Der erste Spieler nimmt eine Karte mit einem Beruf. Würfeln Sie und gehen Sie mit Ihrer Figur auf das entsprechende Spielfeld. Wenn Sie auf einen Smiley kommen, folgen Sie dem Pfeil.
5. Beschreiben Sie den Beruf entweder mit Mimik und Gesten (Hand), mit einem gemalten Bild (Stift) oder durch eine mündliche Erklärung (Sprechblase). Achtung: Verwenden Sie nicht den Beruf oder Wörter, die in dem Beruf vorkommen. Beim Joker dürfen Sie sich eine Art der Beschreibung aussuchen.
6. Wer den Beruf zuerst errät, erhält einen Punkt und würfelt als Nächstes.

Spieler / Punkte	A	B	C	D
insgesamt				

Sprachbausteine

Arbeit suchen

sich neu orientieren
sich nach Stellen erkundigen
sich selbstständig machen
ein Unternehmen gründen
Einzelunternehmer sein
einen Laden eröffnen

Branchen

Landwirtschaft, Produktion
Bau, Metall
Dienstleistung
Elektro, IT
Verkehr, Logistik
Gesundheit, Soziales

Weiterbildung

die Fortbildung / die Weiterbildung
der Lehrgang
das Seminar
die Meisterprüfung
der Kurs
die Nachqualifizierung

Berufliche Anerkennung

die Ausbildung anerkennen lassen
die Anerkennung beantragen
die Übersetzung
reglementierte Berufe
die Beglaubigung

Grammatik

Adjektivdeklination mit bestimmten und unbestimmten Artikeln

Wenn das Adjektiv vor dem Nomen steht, braucht es eine Endung.
*Das Haus ist **groß**.* Aber: *Wie findest du das **große** Haus?*

	maskulin	feminin	neutral	Plural
Nom.	der neue Chef	die neue Kollegin	das neue Haus	die neuen Stellen
Akk.	den neuen Chef	die neue Kollegin	das neue Haus	die neuen Stellen
Dat.	dem neuen Chef	der neuen Kollegin	dem neuen Haus	den neuen Stellen
Gen.	des neuen Chefs	der neuen Kollegin	des neuen Hauses	der neuen Stellen

Nom.	ein neuer Chef	eine neue Kollegin	ein neues Haus	neue Stellen
Akk.	einen neuen Chef	eine neue Kollegin	ein neues Haus	neue Stellen
Dat.	einem neuen Chef	einer neuen Kollegin	einem neuen Haus	neuen Stellen
Gen.	eines neuen Chefs	einer neuen Kollegin	eines neuen Hauses	neuer Stellen

Die Endungen der Adjektive ohne Artikel entsprechen dem letzten Buchstaben des bestimmten Artikels:
*de**r** Mitarbeiter → zuverlässig**er** Mitarbeiter gesucht*

Reflexivpronomen

Akkusativ ***Ich** beeile **mich**.*

ich	du	er, sie, es	wir	ihr	sie, Sie
mich	dich	sich	uns	euch	sich

Dativ ***Ich** ziehe **mir** die Jacke an.*

ich	du	er, sie, es	wir	ihr	sie, Sie
mir	dir	sich	uns	euch	sich

Das Reflexivpronomen zeigt, dass sich eine Handlung auf das Subjekt bezieht.
Wenn es schon ein anderes Akkusativobjekt gibt, dann steht das Reflexivpronomen im Dativ.

Konjunktiv II und irreale Bedingungssätze

	sein	haben	dürfen	können	müssen	sollen
ich	wäre	hätte	dürfte	könnte	müsste	sollte
du	wär(e)st	hättest	dürftest	könntest	müsstest	solltest
er / sie / es	wäre	hätte	dürfte	könnte	müsste	sollte
wir	wären	hätten	dürften	könnten	müssten	sollten
ihr	wäret	hättet	dürftet	könntet	müsstet	solltet
sie / Sie	wären	hätten	dürften	könnten	müssten	sollten

Mit dem Konjunktiv formuliert man höfliche Bitten, Wünsche, Träume und Möglichkeiten.

***Könnten** Sie mich bitte zurückrufen?*

Wenn ich Urlaub hätte, würde ich nach Spanien fahren.

Futur I

werden + Infinitiv: *Ich **werde** bald ein Unternehmen gründen.*
Oft benutzt man das Präsens, um etwas in der Zukunft auszudrücken: *Im Sommer nehme ich zwei Wochen Urlaub.*

Café Talk

... bietet jeweils ein Interview und einen Sachtext – zum Lesen, Diskutieren, Recherchieren und Berichten.
Heute ist Medina Habteab unser Gast im Café Talk. Sie beantwortet sechs Fragen über ihr Leben.

1 Im Pflegebereich

Lesen Sie und schreiben Sie einen Text über Frau Habteabs wichtigste Stationen in Schule und Beruf in Ihr Heft.

Frau Habteab, verraten Sie uns zuerst Ihr Alter und woher Sie kommmen?
Gern: Ich komme aus Eritrea. Ich bin 29 Jahre alt.

Beschreiben Sie sich als Person: Welche Wörter kommen Ihnen spontan in den Sinn?
Ich kümmere mich gern um andere Menschen, sowohl um meine Kinder als auch um alte Menschen. Das fällt mir leicht, ich mag den Kontakt. Und ich glaube, ich kann das auch gut: Menschen Aufmerksamkeit schenken, ihnen das geben, was sie brauchen. Sie zum Beispiel beruhigen, wenn das nötig ist. Deshalb fühle ich mich auch sehr richtig in meinem Beruf als Altenpflegerin.

Ich kümmere mich gern um andere Menschen, sowohl um meine Kinder als auch um alte Menschen.

Von der Schule bis zum Beruf: Was waren bisher die wichtigsten Stationen in Ihrem Leben?
Ich bin insgesamt 9 Jahre zur Schule gegangen und habe dann in meiner Familie mitgeholfen, vor allem bei der Pflege meiner Urgroßeltern, die bei uns lebten. Mit 17 habe ich geheiratet. Bald danach ist erst mein Mann nach Deutschland gegangen, ich bin zwei Jahre später hierhergekommen. In ziemlich kurzem Abstand habe ich drei Kinder bekommen. Und natürlich Deutsch gelernt. Irgendwann wollte ich dann aber einen Beruf haben, und weil ich noch keinen gelernt hatte, wollte ich eine Ausbildung machen.
Es war relativ schnell klar, dass ich einen Pflegeberuf lernen wollte, und weil ich schon meine Urgroßeltern gepflegt hatte, habe ich mich für Altenpflege entschieden. Die Ausbildung auf Deutsch war eine Herausforderung, aber ich habe es geschafft. Jetzt arbeite ich in einem Altenheim in der Pflege muslimischer Patienten.
Ich bin also auch wegen meines religiösen und kulturellen Hintergrunds eingestellt worden. Das ist ein gutes Gefühl!

Ihre derzeitige Situation: Wie zufrieden sind Sie auf einer Skala von 1 (sehr schlecht) bis 10?
Ich würde 9 sagen. Denn ich bekomme viel Dankbarkeit zurück und das finde ich sehr erfüllend.

Wünsche, Träume, Hoffnungen: Wenn Sie etwas an Ihrer persönlichen Situation ändern könnten, was wäre das?
Im Moment bin ich sehr zufrieden, beruflich und privat. Manchmal würde ich mir wünschen, dass meine Eltern und Geschwister nicht so weit weg leben würden. Ach, und ich wünschte, ich hätte schon den Autoführerschein!

Weiterentwicklung und Pläne: Welche beruflichen Pläne haben Sie und wo sehen Sie sich in zehn Jahren?
Ich glaube, in zehn Jahren will ich keine Nachtschichten mehr machen. Das ist schon sehr anstrengend und auch nicht ideal mit dem Familienleben zu vereinbaren. In spätestens zehn Jahren, eher schon in fünf Jahren. Dann würde ich gern in der ambulanten Pflege arbeiten und mir meine Arbeitszeiten selbst aussuchen – vielleicht selbstständig, in meinem eigenen Pflegedienst?

Danke, Frau Habteab. Ihr Kaffee geht auf uns!

2 Fakten und Meinungen

Lesen Sie den Text und lösen Sie die Aufgaben.

Kultursensible Pflege und insbesonders Altenpflege wird ein immer wichtigeres Thema in Deutschland. Denn die erste Generation der damals sogenannten „Gastarbeiter“, die zwischen Mitte der 1950er- und Anfang der 1970er-Jahre nach Deutschland kam, wird jetzt alt und manchmal eben auch pflegebedürftig. Die Mehrheit von ihnen sind türkische Muslime. Durch ihre Religion und ihre kulturelle Prägung haben sie zum Teil andere Bedürfnisse als deutsche Pflegebedürftige. Es geht zum Beispiel darum, dass wirklich kein Schweinefleisch im Essen sein darf, dass man Kleidervorschriften respektiert, dass Männer nur von Männern und Frauen nur von Frauen gewaschen werden, dass man bei den rituellen Waschungen hilft und die Sterberituale eingehalten werden. In Alten- oder Pflegeheimen geht es auch darum, einen Raum zum Beten zur Verfügung zu stellen.

Das erste Altenheim für türkische Senioren eröffnete 2006 in Berlin. In anderen Altenheimen werden zum Teil Stationen für muslimische Bewohner eröffnet. Häufiger sind allerdings die ambulanten Pflegedienste, die oft von Migranten geführt werden oder wo zumindest viele der Pflegekräfte selbst einen Migrationshintergrund haben. Wenn die Pfleger sogar die Muttersprache ihrer Patienten sprechen, ist das natürlich ideal. Ambulante Dienste werden auch von Patienten wie Angehörigen oft besser angenommen als Heime.

Kultursensible Pflege ist mittlerweile Bestandteil der Ausbildung in Pflegeberufen, außerdem gibt es Fortbildungen zu dem Thema. Und weil man inzwischen erkannt hat, dass Migranten selbst die passendsten Arbeitskräfte für migrantische Pflegebedürftige sind, gibt es auch einige Angebote für Quereinsteiger mit Migrationshintergrund, zum Beispiel die Qualifizierungsmaßnahme „Assistent für Pflege und Betreuung“ in Berlin. In den sechs Monaten, die die Maßnahme dauert, sind zwei Monate Praktikum inbegriffen. Voraussetzung zur Teilnahme ist im Wesentlichen das Deutsch-Sprachniveau B2.

a Was macht ein Altenpfleger? Sammeln Sie typische Tätigkeiten. Könnten Sie sich diesen Beruf für sich vorstellen? Warum (nicht)?

Mir würde der Beruf (keinen) Spaß machen, weil …

Als Altenpfleger kümmert man sich um alte Menschen …

b Was ist in Ihrer Herkunftskultur wichtig im Umgang mit alten Menschen? Was ist bei der Pflege zu beachten? Wie würden Sie das einer deutschen Altenpflegerin erklären? Schreiben Sie einen Text.

c Wie möchten Sie leben, wenn Sie alt sind? Wie sieht ein gutes Leben im Alter für Sie aus? Diskutieren Sie in der Gruppe.

Stellenangebote und Bewerbungen

Sortieren Sie die Etappen einer Bewerbung.

- ☐ Vorstellungsgespräch in der Firma
- ☐ am Telefon nach dem aktuellen Stand fragen
- ☐ Lebenslauf und Bewerbungsschreiben verfassen
- ☐ am Telefon Fragen zur Stellenanzeige stellen

1 Nachfragen zu einem Stellenangebot

a Kofi Dwenger sieht ein Stellenangebot. Welche Fragen hätten Sie an seiner Stelle vor einem Vorstellungsgespräch? Welche Fragen hätten Sie als Arbeitgeber an Kofi Dwenger? Notieren Sie.

Maler / Lackierer (m / w / d)
in Vollzeit ab sofort in Koblenz gesucht

Ihre Aufgaben: Innenanstrich, Tapezieren, Außenanstrich, Renovieren
Anforderungen: abgeschlossene Ausbildung, möglichst Berufserfahrung, gute Deutsch- und Englischkenntnisse, Zuverlässigkeit, Teamfähigkeit
Wir bieten ein nettes Team, abwechslungsreiche Aufgaben und eine gute Bezahlung.

Bewerbungen bitte per E-Mail an: info@malereijung.de
Weitere Informationen: Tel. 42 65 98 3

15 **b** Kofi Dwenger ruft bei dem Malerbetrieb an. Ergänzen Sie die Telefonnotizen beider Gesprächspartner. Werden auch Ihre Fragen aus 1a beantwortet?

Firma: ...
Ansprechpartner: ...
Größe des Betriebs: ...
Stelle noch frei? ...
Berufl. Anerkennung erwartet? ...
Bewerbungsverfahren:
1. *Bewerbung schicken*
2. ...
3. ...

Bewerber: ...
kommt aus: ...
Ausbildung: ...
Berufserfahrung: ...

15 **c** Was passt? Hören Sie noch einmal und ordnen Sie zu.

1	Ich interessiere mich für	a	ein paar Fragen stellen?
2	Da müssten Sie sich an	b	folgende E-Mail-Adresse.
3	Kann ich Ihnen dazu	c	Herrn Bauer wenden.
4	Ich beziehe mich auf	d	Ihre Bewerbung.
5	Schicken Sie Ihre Bewerbung an	e	die Stelle bewerben.
6	Ich danke Ihnen für	f	die Stelle als Maler.
7	Ich werde mich gerne um	g	Ihr Stellenangebot.
8	Wir freuen uns auf	h	die Informationen.

GRAMMATIK
Verben + Präpositionen
*Ich **interessiere** mich **für** die Stelle als Maler.*
*Kann ich Ihnen **zu** dem Stellenangebot ein paar **Fragen stellen**?*

d Notieren Sie die Verben aus 1c im Infinitiv mit der Präposition und dem richtigen Kasus und schreiben Sie damit Sätze in Ihr Heft.

sich interessieren für + Akk., ...

e Sprechen Sie zu zweit Kurzdialoge wie im Beispiel. Benutzen Sie die angegebenen Verben.

sich beschäftigen **mit** | sich kümmern **um** | erzählen **von** | etwas verstehen **von**

▶ Ich beschäftige mich mit Musik. Und du?
▷ Ich auch.

▶ Ich verstehe viel von Autos. Und du?
▷ Ich verstehe gar nichts von Autos.

2 Der Lebenslauf

a Welche Kategorie passt wo? Ordnen Sie zu.

Berufliche Stationen | Weiterbildung | Ehrenamt | Besondere Kenntnisse | Persönliche Daten | Schulbildung

Lebenslauf

1 ....

Name	Kofi Dwenger	20.10.20......
Geburtsdatum	25.06.1979	
Geburtsort	Accra (Ghana)	
Staatsangehörigkeit	deutsch	
Familienstand	verheiratet, 3 Kinder	
Adresse	Neumarkt 5, 56068 Koblenz	
Telefon	0174 0625789	
E-Mail	k.dwenger@mail.com	

2 ....

seit 03 / 2016	Maler (Vollzeit) bei Kolores in Koblenz
09 / 2005 – 08 / 2012	Maler bei Duncon in Accra, Schwerpunkt: Fassaden
05 / 2002 – 08 / 2005	Maler bei Eden&Co in Accra, Schwerpunkt: Innenbereich
10 / 1998 – 02 / 2002	Maler bei SmithColours in Accra, Schwerpunkt: Renovierung
09 / 1995 – 07 / 1998	Ausbildung als Maler in Accra

3 ....

08 / 2015 – 12 / 2015	Weiterbildung für Maler: Bausanierung
06 / 2014 – 04 / 2015	Deutschkurse Niveau B2
03 / 2013 – 04 / 2014	Integrationskurs (Deutsch), VHS Koblenz Abschluss: Deutsch-Test für Zuwanderer, Niveau B1

4 ....

1985 – 1995	staatliche Grundschule und Mittelschule in Accra Abschluss: Mittlerer Schulabschluss

5 ....

Sprachen	Twi (Muttersprache), Englisch (C1), Deutsch (B2)

6 ....

seit 5 / 2015	Vorsitzender des interkulturellen Vereins Ghana Union in Koblenz

Kofi Dwenger

b Was könnte man im Lebenslauf auch weglassen, hinzufügen oder variieren? Sprechen Sie mit Ihrer Partnerin / Ihrem Partner.

c Schreiben Sie Ihren eigenen Lebenslauf nach dieser Vorlage.

3 Bewerbungsschreiben

a Lesen Sie Kofi Dwengers Bewerbung und beantworten Sie die Fragen.

An: info@malereijung.de
Betreff: Bewerbung als Maler und Lackierer; Ihre Anzeige in der Koblenzer Zeitung vom 29.06.20

Sehr geehrter Herr Bauer,

A Ihre Stellenanzeige in der Koblenzer Zeitung hat mich sofort angesprochen, weil die Beschreibung meinen Interessen und Qualifikationen entspricht. Hiermit möchte ich mich um die freie Stelle als Maler bewerben.

B Wie mit Ihnen bereits am Telefon besprochen, habe ich 17 Jahre Berufserfahrung als ausgebildeter Maler. In drei Betrieben in Ghana und bei meiner jetzigen Stelle in Koblenz habe ich in allen Bereichen des Malerhandwerks gearbeitet: im Innen- und im Außenbereich, an Neubauten und bei Sanierungsarbeiten. In Koblenz habe ich außerdem eine Weiterbildung zum Thema Bausanierung besucht.

C Die vielfältigen Arbeiten als Maler machen mir nach wie vor viel Freude. Meine Kollegen schätzen mich für meine sorgfältige Arbeitsweise und meine Freundlichkeit. Die Arbeit im Team fällt mir leicht und macht mir Spaß. Besonders attraktiv an Ihrem Stellenangebot ist für mich die Vielfalt der Arbeitsbereiche und die Möglichkeit, meine Englischkenntnisse einzusetzen. Da Englisch in Ghana Amtssprache ist, spreche ich es verhandlungssicher. Mein Deutsch ist auf dem Niveau B2.

D Für Fragen und für Probearbeiten stehe ich gerne zur Verfügung.
Über eine Einladung zu einem persönlichen Gespräch freue ich mich.

Mit freundlichen Grüßen
Kofi Dwenger

1 In welchem Absatz schreibt Kofi, warum er sich auf diese Stelle bewirbt? ....
2 In welchem Absatz geht es um seine Stärken? ....
3 In welchem Absatz geht es um Kofis Berufserfahrung? ....
4 Was wäre bei einer Bewerbung per Post anders? ....

b Markieren Sie alle Textteile, die Sie in Ihr Bewerbungsschreiben übernehmen können.

c Ordnen Sie zu.

1 Wie mit Ihnen telefonisch besprochen, habe ich ...	a Gruß
2 Ich freue mich, Sie persönlich kennenzulernen.	b Anrede
3 Sehr geehrter	c Schlusssatz
4 Mit freundlichen Grüßen	d Einleitung
5 21.11.20......	e Hauptteil
6 Ihre Stellenanzeige in der Koblenzer Zeitung ...	f Datum

4 Vorstellungsgespräch

a Hören Sie den Anfang des Vorstellungsgesprächs von Kofi Dwenger. Lesen Sie die Sätze dazu und streichen Sie die falsche Variante durch. 16

1 Kofi begrüßt seine Gesprächspartner *mit* | *ohne* Namen.
2 Nach der Begrüßung kommt das Thema *Berufserfahrung* | *Smalltalk*.
3 Mit dem Smalltalk beginnt *der Bewerber* | *der Arbeitgeber*.
4 Von seiner Berufserfahrung erzählt Kofi Dwenger *in einem kurzen Vortrag* | *in Antworten auf Fragen*.
5 Kofi sagt, *was bei seinem aktuellen Arbeitgeber nicht so gut ist* | *was ihn an der ausgeschriebenen Stelle interessiert*.
6 Kofi nennt Stärken, *die für diese Stelle wichtig sind* | *die generell gelten*.

b Hören Sie so oft wie nötig das Ende des Vorstellungsgesprächs und schreiben Sie die Antworten. 17

1 Was nennt Kofi als Schwäche? Wie wichtig ist diese Schwäche für die Stelle? ....
2 Welche schwierigen Situationen nennt Kofi? ....
3 Wie hat er diese Situationen gemeistert? ....
4 Welche Gehaltsvorstellung nennt Kofi? ....
5 Wann könnte er die Stelle antreten? ....
6 Welche Frage stellt Kofi? ....
7 Was ist der nächste Schritt? ....

c Ergänzen Sie *als* oder *wenn*.

1 Ich habe jeden Tag neue Fachwörter gelernt, ... ich neu auf meiner jetzigen Stelle war.
2 .... ich ein Wort nicht kannte, habe ich Kollegen gefragt.
3 Es war eine besondere Herausforderung für mich, ... ich zum ersten Mal ein Team geleitet habe.
4 Meine Lerngruppe hat mir geholfen, ... ich im Deutschkurs etwas nicht verstanden habe.

> **GRAMMATIK**
>
> **wenn / als in der Vergangenheit**
> Wiederholtes: *(Immer)* ***wenn*** *ich eine E-Mail geschrieben habe, habe ich Kollegen gefragt.*
> Einmaliges: ***Als*** *ich nach Deutschland gekommen bin, war vieles schwierig.*

d Was war für Sie im Leben schwierig? Sprechen Sie zu zweit. Machen Sie Sätze mit *als*.

Für mich war es schwierig, als ...

Eine große Herausforderung war für mich die Zeit, als ...

e Wie haben Sie die Schwierigkeiten gemeistert? Schreiben Sie Sätze mit *wenn* in Ihr Heft.

▶ Immer wenn ich ..., habe ich ....
▶ Ich ..., wenn ....

5 Typische Fragen im Vorstellungsgespräch

Was passt? Ordnen Sie zu.

verlassen | gemeistert | anfangen | Anfahrt | Frage | Gehaltsvorstellungen | Stärken | erzählen | trinken

1 Wie war Ihre ....?
2 Möchten Sie etwas ....?
3 Können Sie bitte ein bisschen über sich ....?
4 Warum möchten Sie Ihren aktuellen Arbeitgeber ....?
5 Was sind Ihre ....?
6 Was waren schwierige Situationen für Sie und wie haben Sie sie ....?
7 Wie sind Ihre ....?
8 Wann könnten Sie bei uns ....?
9 Haben Sie noch eine ....?

6 Wie ist der Stand der Dinge?

18

a Hören Sie die Dialoge. In welchem bekommt Kofi Dwenger eine Zusage, in welchem eine Absage und in welchem ist es noch nicht entschieden? Ordnen Sie jedem Dialog eine Emotion zu.

Dialog 1 .... Dialog 2 .... Dialog 3 ....

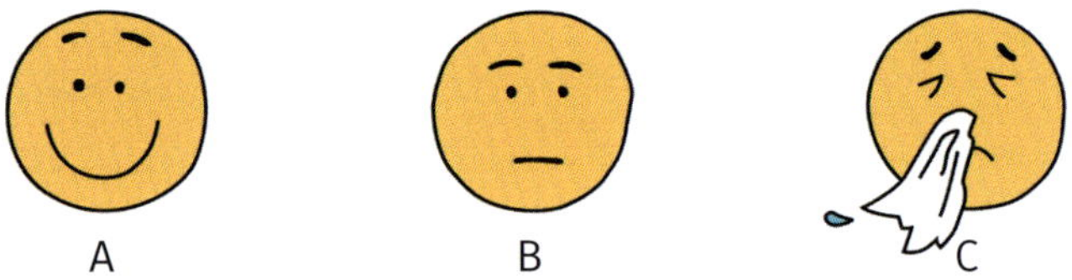

A B C

b Sortieren Sie die Angaben und schreiben Sie den Satz richtig.

> **GRAMMATIK**
>
> **tekamolo**
> Reihenfolge der Angaben in einem Satz: **te**mporal (wann?), **ka**usal (warum?), **mo**dal (wie?), **lo**kal (wo?)

1 Kofi ruft *bei Firma Jung* | *wegen des Stellenangebots* | *nochmal* | *heute* an.

....

2 Das Gespräch mit dem anderen Bewerber hat *wegen der Feiertage* | *letzte Woche* noch nicht stattgefunden.

....

3 Kofi hat *in der Firma* | *letzten Dienstag* | *wegen seiner Erfahrung und seiner Freundlichkeit* einen guten Eindruck gemacht.

....

4 Er arbeitet *aus Nervosität* | *ein bisschen unkonzentriert* | *seit dem Vorstellungsgespräch*.

....

7 Es hat geklappt!

a Kofi Dwenger bekommt die Stelle beim Malerbetrieb Jung. Er freut sich sehr. Was kann man zu ihm sagen? Kreuzen Sie an.

a ☐ Herzliche Grüße!
b ☐ Herzliches Beileid.
c ☐ Herzlichen Glückwunsch!
d ☐ Viel Glück!
e ☐ Viel Erfolg!
f ☐ Viel Spaß!
g ☐ Ich drücke dir die Daumen!
h ☐ Ich freue mich für dich!
i ☐ Gesundheit!
j ☐ Gute Besserung!

b In welchen Situationen benutzt man die anderen Wünsche? Sprechen Sie mit Ihrer Partnerin / Ihrem Partner.

8 Kofis Arbeitsvertrag

a Lesen Sie den Auszug aus Kofis Arbeitsvertrag und ordnen Sie die Themen zu.

Kündigung | Probezeit | Verschwiegenheitspflicht | Urlaub | Arbeitszeit | Arbeitsvergütung | Krankheit | Beginn

1 ………………………… des Arbeitsvertrags: Der Arbeitsvertrag beginnt am 01. Juli 20XX. Das Arbeitsverhältnis wird auf unbestimmte Zeit geschlossen.

2 …………………………: Die ersten 6 Monate gelten als Probezeit. Während der Probezeit kann das Arbeitsverhältnis von beiden Seiten mit einer Frist von zwei Wochen gekündigt werden.

3 …………………………: Die wöchentliche Arbeitszeit beträgt 40 Stunden. Überstunden von bis zu 10% der Wochenarbeitszeit sind mit der Vergütung abgegolten; darüber hinaus werden sie gesondert vergütet.

4 …………………………: Der Arbeitnehmer erhält eine monatliche Bruttovergütung von 2.900 €.

5 …………………………: Der Mitarbeiter hat Anspruch auf 30 Urlaubstage im Jahr.

6 …………………………: Ist der Mitarbeiter krank, so ist er verpflichtet, den Arbeitgeber am ersten Tag zu informieren. Bei einer längeren Erkrankung von mehr als drei Tagen muss eine Krankschreibung vom Arzt vorliegen.

7 …………………………: Nach Ablauf der Probezeit beträgt die Kündigungsfrist vier Wochen.

8 …………………………: Der Arbeitnehmer ist verpflichtet, über alle Betriebsgeheimnisse Stillschweigen zu bewahren.

b Beantworten Sie die Fragen zum Arbeitsvertrag in Ihrem Heft und vergleichen Sie danach in der Gruppe.

1 Ist der Verdienst im Rahmen von Kofis Gehaltsvorstellungen?
2 Ab wie viel Stunden Arbeit pro Woche werden Überstunden bezahlt?
3 Ab dem wievielten Krankheitstag braucht er eine Krankschreibung vom Arzt?
4 Bis wann muss Kofi spätestens seine alte Stelle kündigen, wenn dort die gleiche Kündigungsfrist gilt?

c Welche Wörter bezeichnen das Geld, das man verdient? Markieren Sie.

Entgelt Verdienst Lohn Lohnfortzahlung Gehalt Vergütung Betriebsgeheimnis

9 Kofis erster Tag in der neuen Firma

19 **a** Hören Sie das Gespräch zwischen Kofi und seinem neuen Kollegen und kreuzen Sie die richtige Antwort an.

1 Wonach fragt Kofi?
- a ☐ nach den Regeln zum Thema Arbeitskleidung
- b ☐ nach den Regeln zum Duzen und Siezen

2 Wer bietet wem das Du an?
- a ☐ Kofi bietet es Metim an.
- b ☐ Metim bietet es Kofi an.

3 Welche Kleidung müssen die Mitarbeiter generell tragen?
- a ☐ ihre eigene Arbeitskleidung
- b ☐ Arbeitskleidung von der Firma

4 Wo müssen die Mitarbeiter Schutzkleidung tragen?
- a ☐ auf Baustellen
- b ☐ überall, wo sie arbeiten

5 Zu welchem Thema wird Kofi noch genauere Informationen bekommen?
- a ☐ zum Rauchverbot
- b ☐ zum Brandschutz

19 **b** Hören Sie noch einmal und ergänzen Sie.

1 Ja, wir tragen hier alle Firmenkleidung mit dem Logo der Firma Jung. Das ist ……………, …………… dem Chef sehr wichtig ist.

2 Firmenkleidung: Das ist ……………, …………… ich aus der alten Firma kenne. Da hatten wir unsere eigenen Klamotten an.

3 Das ist im Moment ……………, …………… mir einfällt.

GRAMMATIK

Relativsätze mit *was*

Nach **alles**, **etwas** und **nichts** steht das Relativpronomen **was**.

c Ergänzen Sie die Sätze. Schreiben Sie in Ihr Heft.

1 Das Thema Bewerbung ist etwas, was …

2 Im Moment gibt es nichts, was …

3 Ich interessiere mich für alles, was …

4 Ich habe in letzter Zeit etwas gelernt, was …

10 Bei Yasmin im Friseursalon gibt es eine neue Auszubildende.

Sprechen Sie zu zweit. Sie sind Yasmin, Ihre Partnerin / Ihr Partner ist die / der Auszubildende. Danach tauschen Sie die Rollen.

11 Lernspiel: Bewerbung andersherum

Stellen Sie sich vor, nicht Sie müssten sich bei Firmen bewerben, sondern die Firmen müssten sich bei Ihnen bewerben. Welche Firma ist am attraktivsten, bei welcher möchten Sie am liebsten arbeiten?

Schritt 1 Arbeiten Sie zu zweit. Verteilen Sie die Rollen: Wer ist die Bewerberfirma, wer ist die Person, die sich eine Firma auswählt?

Schritt 2 Bereiten Sie sich einzeln auf das Bewerbungsgespräch vor.

Angestellte: Machen Sie sich Stichpunkte zu den 6 Punkten und formulieren Sie dann Fragen.

▶ *Wie viel verdiene ich bei Ihnen?*

Verdienst
2.000 € pro Monat
Wie viel Geld verdiene ich im Jahr?

Urlaub

(flexible) Arbeitszeiten

Homeoffice

Kinderbetreuung

bezahlte Fortbildungen

Bewerberfirma:
Die Person, die die Firma spielt, überlegt sich, was sie noch anbieten könnte, um den Arbeitsplatz attraktiver zu machen, zum Beispiel:

Selbstständiges Arbeiten

Yoga während der Arbeitszeit

Beteiligung am Gewinn der Firma

Schritt 3 Spielen Sie das Vorstellungsgespräch. Vergessen Sie nicht: Die arbeitssuchende Person stellt die Fragen, die Firma muss sich präsentieren.

Schritt 4 Wechseln Sie den Partner mindestens dreimal. Die Arbeitssuchenden entscheiden sich am Ende für eine Firma.

Sprachbausteine

Nachfragen zu einem Stellenangebot

Ich interessiere mich für die ausgeschriebene Stelle.
Kann ich Ihnen dazu ein paar Fragen stellen?
Ist die Stelle noch frei?
Erwarten Sie eine offizielle berufliche Anerkennung?

Fragen im Vorstellungsgespräch

Können Sie bitte ein bisschen über sich erzählen?
Warum möchten Sie Ihren aktuellen Arbeitgeber verlassen?
Was sind Ihre Stärken?
Wie sind Ihre Gehaltsvorstellungen?

Bewerbungsschreiben

Ihre Stelle hat mich sofort angesprochen.
Hiermit möchte ich mich um die freie Stelle als ... bewerben.
Meine Kollegen schätzen mich für ...
Besonders attraktiv an Ihrem Stellenangebot ist für mich ...

Grammatik

Verben mit Präpositionen

Manche Verben brauchen Präpositionen, gefolgt von einem festen Kasus.
Am besten lernt man sie mit Beispielsatz.

Verben mit Präpositionen und Dativ	einladen zu, sich beschäftigen mit, bestehen aus, erzählen von, teilnehmen an
Verben mit Präpositionen und Akkusativ	sich interessieren für, sich kümmern um, denken an, achten auf

wenn / als

Konjunktion	Beispielsatz	Funktion
wenn	Immer wenn ich eine E-Mail schreiben musste, **haben** mir Kollegen **geholfen**.	in der Vergangenheit bei wiederholten Ereignissen
als	Als ich nach Deutschland gekommen bin, **war** alles fremd für mich.	in der Vergangenheit bei einmaligen Ereignissen

Relativsätze mit *was*

Nach **alles, etwas** und **nichts** ist das Relativpronomen **was**:
*Ich interessiere mich für **alles**, **was** mit Computern zu tun hat.*

tekamolo

Die Angaben in einem Satz stehen meistens in folgender Reihenfolge:
temporal (wann?), **ka**usal (warum?), **mo**dal (wie?), **lo**kal (wo?):

	temporal	**ka**usal	**mo**dal	**lo**kal	
Er hat sich	heute	wegen des Vorstellungsgesprächs	telefonisch	bei der Firma	gemeldet.

Meistens sind nicht alle diese Angaben im Satz vorhanden.

Im Gespräch mit Kollegen

Worüber sprechen Sie mit Ihren Kollegen bei der Arbeit?

An dieser Stelle befindet sich …

Wir müssen heute …

Bei einem Notfall …

Was bedeutet dieses Zeichen?

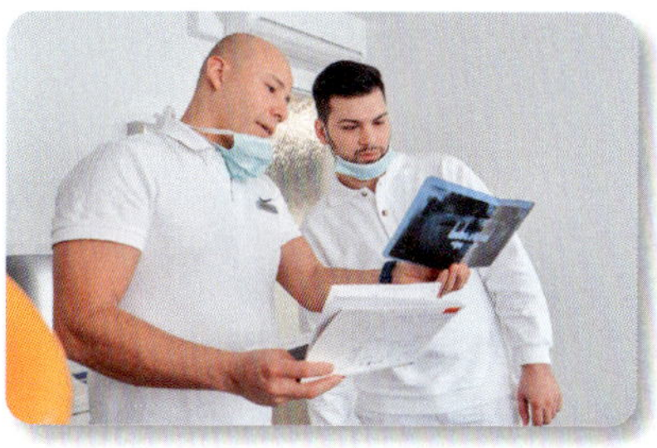

1 Woher? – Wo? – Wohin?

a Ergänzen Sie die drei Fragewörter *woher*, *wo* und *wohin*.

1 ………… kommt Kofi Dwenger? Er kommt aus Ghana.

2 ………… lebt Kofi jetzt? Er lebt in Deutschland.

3 ………… geht Kofi jeden Tag? Er geht zum neuen Malerbetrieb *Jung*.

20 **b** Hören Sie, was Metim Yilmas seinem neuen Kollegen Kofi erzählt. Kreuzen Sie an: a, b oder c?

1 Der Betrieb kauft seine Farben
- a ☐ bei einer Baufirma in Tschechien.
- b ☐ in verschiedenen Ländern der EU.
- c ☐ von einer Firma in Wuppertal.

2 Die Farbrollen
- a ☐ hängen in der Nähe der Pinsel.
- b ☐ müssen immer weiß sein.
- c ☐ sind nach Größe geordnet.

3 Morgens vor der Fahrt zur Baustelle muss Kofi
- a ☐ alle Papiere dabeihaben.
- b ☐ den Firmenwagen betanken.
- c ☐ die Fahrtzeit richtig berechnen.

20 **c** Hören Sie die Anweisungen noch einmal und ergänzen Sie die Präpositionen.

Hör zu Kofi, ich erkläre dir jetzt erst einmal, woher unser Arbeitsmaterial kommt. Also, die Farben kommen alle ……1…… ChemTec, einer Firma für Farben in Wuppertal. Wenn wir keine Farbe mehr haben, musst du dort neue bestellen. Für den Chef ist es wichtig, dass unsere Farben ……2…… Deutschland kommen und nicht ……3…… einem anderen Land in der EU. So bekommen wir schnell unsere Lieferungen. Der Rest des Materials, Pinsel, Eimer, Leitern usw., kommt ……4…… Tschechien ……5…… einer Firma für Baumaterialien. Die Adresse findest du im Büro.
……6…… Lager stehen die Wandfarben links ……7…… den großen Regalen. Sie sind nach Farben geordnet. Am häufigsten brauchen wir natürlich weiß. Die Pinsel hängen ……8…… der Wand gegenüber, gleich ……9…… den Farbrollen. ……10…… dem Boden hinten links stehen die Eimer. Du musst sie immer nach Größe ordnen, sonst suchen wir zu lange den richtigen Eimer.
Wenn du ……11…… Baustelle fährst, achte darauf, dass du alle Materialien dabeihast. Wir können nicht zurückfahren. Wenn du ……12…… andere Städte fährst, musst du am Abend überprüfen, ob das Auto vollgetankt ist. Auf der Fahrt ……13…… Baustelle tanken wir nicht, das kostet zu viel Zeit. Manchmal fahren wir sogar ……14…… Luxemburg oder Belgien. Dann ist es wichtig, dass du deine Papiere dabeihast. Aber eigentlich solltest du sie immer bei dir haben.

GRAMMATIK

Wohin …? ⟶ *nach, in* + Akkusativ (Ausnahme: ***zu*** + Dativ)
Woher …? ⟶ *aus, von* + Dativ
Wo …? ⟶ *in, bei, an, auf* + Dativ

2 Eine Besprechung

Herr Jung hat Kofi und seine Kollegen zu einem Mitarbeiter-Meeting gerufen. Hören Sie das Gespräch und ergänzen Sie die Gesprächsnotizen.

21

Punkt 1 Hygiene

Was will der Chef? Alle Mitarbeiter sollen .... 1 .... benutzen.

Punkt 2 .... 2 ....

Was will der Chef? Susanne soll .... 3 .... so früh wie möglich schicken.

Punkt 3 .... 4 ....

Was will der Chef? .... 5 .... sollen die Putzmaterialien .... 6 .... in den Raum stellen.

Punkt 4 Lager

Was will der Chef? .... 7 .... soll Schilder .... 8 .... hängen.

Punkt 5 .... 9 ....

Was will Susanne? Jeder soll .... 10 .... schreiben.

3 Dativ oder Akkusativ?

Lesen Sie noch einmal, was gesagt wurde. Steht die markierte Stelle im Akkusativ (A) oder Dativ (D)?

1 Kommt bitte alle **in mein Büro**.
2 Metim ist noch **auf der Baustelle**.
3 **Neben dem Waschbecken** liegt antibakterielle Seife.
4 **Zwischen der roten und der blauen Farbe** stehen zwei Töpfe Orange.
5 Ich wollte ein Fax **an ChemTec** schicken.
6 Ich habe **hinter die Tür** des Putzraums geschaut.
7 Der Staubsauger kann **vor dem Schrank** stehen bleiben.
8 Ich habe **unter den Putzlappen** Broschüren von uns gefunden.
9 **Über jedes Regal** soll ein Schild gehängt werden.

GRAMMATIK

Wo?	in	**Wohin?**
Dativ	auf	**Akkusativ**
	neben	
	zwischen	
	an	
	hinter	
	vor	
	unter	
	über	

4 Der Chef gibt Anweisungen

GRAMMATIK

Es ist verboten, / *Es ist nicht erlaubt,* } *im Unterricht **zu** telefonieren.*

a Wie kann man es auch sagen? Formulieren Sie die Sätze um.

Ihr müsst auf die Hygiene achten. = Es ist wichtig, auf die Hygiene **zu** achten.

Ihr dürft im Lager nicht rauchen. = Es ist verboten, ...

Ihr müsst abends die Alarmanlage einschalten. = Vergesst nicht, die Alarmanlage ein**zu**schalten.

Bitte kommt pünktlich auf der Baustelle an. = Versucht, pünktlich ....

b Schreiben Sie Anweisungen für den Unterricht in Ihr Heft. Verwenden Sie dabei die folgenden Ausdrücke mit dem Infinitiv mit *zu*.

Im Unterricht ist es wichtig, ...
Es ist nicht erlaubt, ...
Wir müssen versuchen, ...
Es wäre gut, ...
Es ist erlaubt, ...
Wir versuchen alle, ...
Wir dürfen nicht vergessen, ...
Es ist leicht, ...

5 Achtung!

22 **a** Kofi hört eine Nachricht von Herrn Jung auf dem Anrufbeantworter. Lesen Sie die Sätze dazu: richtig oder falsch? Kreuzen Sie an.

		✓	✗
1	Es ist wichtig, das Auto nach der Arbeit aufzutanken.	☐	☐
2	Es darf nicht passieren, dass die Arbeiter Zeit verlieren.	☐	☐
3	Es ist nicht so wichtig, die Tankquittungen aufzuheben.	☐	☐
4	Man darf nicht vergessen, das Auto nach der Fahrt zu waschen.	☐	☐

22 **b** Hören Sie den Text noch einmal. Ergänzen Sie die Verben *müssen, dürfen, sollen* und *brauchen* in der richtigen Form.

1 Kofi hör mal, ihr *sollt* .... das Auto auftanken, wenn ihr mit der Arbeit fertig seid.
2 Wir .... auf dem Weg zur Baustelle keine Zeit mit Tanken verlieren.
3 Und natürlich .... ihr die Quittungen von der Tankstelle aufheben.
4 Susanne .... die Quittungen für die Buchhaltung.
5 Ihr .... den Firmenwagen aber nicht .... waschen.

c Kofi hat sich Notizen zu der Nachricht auf dem AB gemacht. Schreiben Sie eine kurze SMS an Metim, der schon auf der Baustelle ist.

GRAMMATIK

Das Verb ***brauchen*** wird benutzt
a) mit einem Objekt: *Susanne braucht die Tankquittung.*
b) mit Negation (= nicht müssen):
Ihr braucht das Auto nicht zu waschen.
→ Dann steht ein ***zu*** vor dem Hauptverb.

TANKEN!!!
Quittung → Susanne
Besprechung morgen
11 Uhr ~~9 Uhr~~

Hi Metim!
Der Chef hat angerufen. Hier sind wichtige Informationen:
....
....
Gruß Kofi

d Herr Jung hat eine Information ausgeteilt. Lesen Sie den Text und die Sätze dazu: richtig oder falsch? Kreuzen Sie an.

Richtiges Verhalten beim Stromschlag.
Die meisten Unfälle mit Strom passieren im Haushalt, aber auch bei der Arbeit gibt es viele Gefahrenstellen. Wenn man mit den Händen Strom berührt, z.B. an einem kaputten Draht, bekommt man einen Stromschlag. In dieser Situation kann man sich meist nicht selbst helfen. Was können Sie als Kollegen tun? Als Erstes: Strom abschalten! Erst dann dürfen Sie den Kollegen anfassen, sonst bekommen auch Sie einen Schlag. Trennen Sie den Kollegen von der Stromquelle, z.B. dem Draht, und benutzen Sie dazu ein Stück Holz, einen Besen oder einen langen Pinsel. Meistens hat ein Mensch nach einem Stromschlag rote Flecken auf der Haut. Diese können Sie mit Wasser oder Eis kühlen. Oft kommt auch Schwindel oder Übelkeit dazu. Wenn der Kollege nicht mehr atmen kann oder nicht reagiert, müssen Sie sofort den Rettungsdienst anrufen. Ihr Kollege sollte aber auf jeden Fall zum Arzt, denn einige gesundheitliche Probleme können noch Stunden nach dem Unfall auftreten.

		✓	✗
1	Die meisten Unfälle mit Strom gibt es auf der Arbeit.	☐	☐
2	Bei einem Stromschlag sollte man zuerst vorsichtig die Stromquelle ausmachen.	☐	☐
3	Man muss nach einem Stromschlag immer zum Arzt gehen.	☐	☐

6 Gefahr, Gefahr, Gefahr!

a Schauen Sie sich die Schilder an. Ordnen Sie die Bedeutung zu.

brennbares Material | explosives Material | elektrische Spannung | giftiges Material | ätzende Säure

1 …

2 …

3 …

4 …

5 …

b Wie heißen die Ausdrücke?

1 Ac…t…g! 2 …o…si…ht! 3 S…i…v…rs…ch…ig! 4 P…s…a…f! 5 S…p!

c Warnen Sie jetzt Ihre Kollegen vor den Gefahren auf den Schildern aus 6a. Welche Gefahren kennen Sie noch?

Achtung, das Material kann brennen!

Vorsicht, …

…

7 Ein Unfall am Arbeitsplatz

a Metim hatte einen Unfall auf der Baustelle. Lesen Sie Kofis Bericht.

Am 12.3.20… waren Metim Yilmas, Sven Jahnke und ich auf der Baustelle in der Kaiserstraße 12, 69412 Eberbach, in den Räumen der 2. Etage. Metim Yilmas wollte die Decke streichen und hat dazu die Leiter Nr. 4 aus unserem Lager benutzt. Er stieg mit dem Farbtopf auf die Leiter und stellte den Topf auf der obersten Stufe der Leiter ab. Offenbar war das Scharnier der Leiter kaputt, denn ohne erkennbaren Grund klappte die Leiter zusammen und Metim fiel herunter. Er konnte sich etwas abstützen und fiel auf seine linke Schulter. Der Farbeimer fiel ebenfalls von der Leiter auf Metims rechten Fuß. Der Kollege Sven Jahnke konnte die Leiter festhalten, sodass diese nicht umfiel.
Ich habe sofort den Rettungsdienst angerufen. Dieser kam nach 15 Minuten und brachte Metim ins Krankenhaus. Sein rechter Fuß ist gebrochen und seine linke Schulter ist geprellt. Wir müssen das Scharnier an der Leiter Nr. 4 erneuern.

b Kofi ruft die Rettungsstelle an. Was sagt er? Schreiben Sie die Antworten in Ihr Heft.

1 Was ist passiert?	Es gab einen Unfall auf der Baustelle.
2 Wer hatte einen Unfall?	…
3 Wann ist der Unfall passiert?	…
4 Wo ist der Unfall passiert?	…
5 Wie ist der Unfall passiert?	…
6 Warum ist der Unfall passiert?	…
7 Welche Folgen hatte der Unfall?	…

c Stellen Sie sich vor, Sie müssen in dieser Situation den Rettungsdienst anrufen.
Was sagen Sie? Schreiben Sie einen Dialog und sprechen Sie mit Ihrer Partnerin / Ihrem Partner.

8 Anweisungen im Friseursalon

23 **a** Auch Yasmin hat im Salon Hairstil eine neue Kollegin und gibt ihr Anweisungen für ihre Arbeit. Hören Sie das Gespräch und füllen Sie die Lücken mit *werden* oder *wird*.

1 Die Kunden ………… dann zu einem leeren Platz geführt und ein Beratungsgespräch ………… geführt.
2 Dann ………… meistens die Haare gewaschen.
3 Wo ………… die nassen Handtücher hingelegt?
4 Die nassen Handtücher ………… auf die Leine hinten in der Kammer gehängt. Mittwochs und samstags ………… dann alle Handtücher gewaschen.
5 Wenn die Kunden auf ihrem Platz sitzen, ………… die Haare gekämmt.
6 Dann können die Kunden entscheiden, ob die Haare auch geföhnt ………… oder ob sie das selber machen wollen.
7 Dann ………… der Kunde oder die Kundin zur Kasse begleitet, der Platz ………… aufgeräumt und die Haare auf dem Boden ………… aufgefegt.

> **GRAMMATIK**
>
> **Präsens Passiv**
> Das Passiv beschreibt eine Handlung, einen Vorgang (= Vorgangspassiv). Die Person, die diese Handlung durchführt, ist nicht so wichtig. Es wird mit dem Hilfsverb **werden** und dem Partizip II des Vollverbs gebildet. *Die Haare* ***werden*** *gewaschen*.

b Bilden Sie nun die Sätze.

1 In jedem Betrieb ………… Arbeitsanweisungen ………… *(geben)*.
2 Meistens ………… die Anweisungen auch ………… *(aufschreiben)* und ………… *(ausdrucken)*.
3 Das Dokument ………… im Büro des Betriebs ………… *(auslegen)*.
4 Jedem Mitarbeiter ………… eine Schulung zu neuen Verfahren oder Techniken ………… *(anbieten)*.
5 Wenn neue Produkte ………… ………… *(einführen)*,
dann ………… ein Seminar dazu ………… *(durchführen)*.

9 Ein Arbeitsbericht

Was wird im Friseursalon gemacht? Ergänzen Sie den Bericht und schreiben Sie Sätze im Passiv in Ihr Heft.

färben | einräumen | schneiden | aufräumen | waschen

Name des Auszubildenden: *Fatma Karimi, 3. Lehrjahr*		
Beschreibung der Tätigkeit	**Datum**	**Dauer**
Beratungsgespräche mit Fotos geführt	Mo. 12.4.	10 Min.
4 x gewaschen, …1…, geföhnt	Mo. 12.4.	je 45 Min.
Kaffeeküche …2…	Mo. 12.4.	90 Min.
Haare schwarz …3…	Di. 13.4.	30 Min.
Neue Produkte …4…	Di. 13.4.	90 Min.
Handtücher …5…	Mi. 14.4.	20 Min.
…………	Do. 15.4.	…………
Datum: Unterschrift:		

> **GUT ZU WISSEN**
> Jeder Auszubildende muss in Deutschland ein Berichtsheft führen. Hier schreibt er oder sie täglich oder wöchentlich auf, was er / sie gemacht hat.

10 Wie findest du den Job?

a Yasmin und Fatma treffen sich in einem Café und sprechen über ihre Arbeit. Ordnen Sie zu.

1 Ich finde den Job ziemlich langweilig.
2 Der Arbeitstag ist wirklich lang.
3 Ich bin oft total gestresst.
4 Die Stimmung im Salon ist super.
5 Ich mag unsere Chefin.
6 Manchmal bin ich unsicher.
7 Die Bezahlung könnte besser sein.
8 Der Job ist eigentlich gut.

a Am Monatsende habe ich oft kein Geld mehr.
b Sie ist zu jedem von uns fair.
c Oft bin ich erst um 20 Uhr zu Hause.
d Niemand erklärt mir richtig, wie etwas geht.
e Manchmal gibt es einen halben Tag nichts zu tun.
f Ich kann viel lernen und mich weiterentwickeln.
g Wir verstehen uns gut im Team.
h Wir müssen immer viele Dinge gleichzeitig tun.

b Was finden Sie in einem Job wichtig? Sprechen Sie mit Ihrer Partnerin / Ihrem Partner und erstellen Sie ein Plakat.

Der Job muss interessant sein, denn ...

Für mich ist wichtig, dass ...

Teamarbeit ...

...

11 Verbesserungsvorschläge machen

a Yasmin schreibt eine E-Mail an ihre Chefin. Setzen Sie die Wörter ein.

bitten | gefällt | los | persönlich | Spaß | viel | Viele | verbessern | Vorschläge | wenig

An: elisabeth@hairstil.de
Betreff: Verbesserungsvorschläge

Liebe Elisabeth,

ich arbeite nun schon seit einigen Jahren hier im Salon. Meine Arbeit ...1... mir, das Team ist toll und der Kontakt mit den Kunden macht mir ...2... .

Es gibt aber ein paar Dinge bei den Arbeitsabläufen, die wir ...3... könnten. Hier meine ...4... :

Unser Lieferant für Shampoos und Farben kommt immer dienstags. Am Dienstag ist bei uns aber viel ...5... , denn drei Kundinnen werden die Haare gefärbt und Fatma ist vormittags in der Berufsschule. Wir haben für den Lieferanten also ...6... Zeit. So werden uns keine neuen Produkte gezeigt. Könnten wir den Lieferanten nicht bitten, montags zu kommen? Das wäre wirklich praktischer.

Ein zweiter Punkt sind die Handtücher. Wir waschen sie immer mittwochs und samstags selber. Das kostet uns ...7... Zeit. Vielleicht könnten wir um ein Angebot von einer Wäscherei ...8... . Wenn du willst, dann mache ich das. Ich hoffe, du findest meine Vorschläge gut.

Wir können gerne ...9... darüber reden.

...10... Grüße

Yasmin

b Was passt zusammen? Formulieren Sie mit den Redemitteln Vorschläge im Kurs.

1 Ist es möglich,
2 Könnte man nicht
3 Wäre es nicht gut, mehr
4 Warum bitten wir nicht
5 Das wäre
6 Wollen wir vielleicht

a über neue Produkte zu lernen?
b wirklich praktischer.
c der Auszubildenden mehr Aufgaben geben?
d die Wäscherei um ein Angebot?
e dass der Lieferant montags kommt?
f persönlich darüber sprechen?

12 Eine Krankmeldung

a Yasmins Chefin ist krank und schreibt Yasmin eine Nachricht per E-Mail. Kreuzen Sie an: a, b oder c?

Liebe Yasmin,
danke für deine E-Mail mit den Verbesserungsvorschlägen. Wir sprechen persönlich darüber. Ich habe seit gestern starke Zahnschmerzen. Mein Arzt hat mich für eine Woche krankgeschrieben. Deshalb musst du einige Aufgaben für mich erledigen: Meine Termine mit Frau Schneider und Frau Böhnert müssen abgesagt werden. Sie können auf nächste Woche verlegt werden. Die anderen Termine kannst du übernehmen. Am Dienstag kommt der Elektriker wegen der kaputten Föhnhaube. Sag ihm bitte, die Föhnhaube soll nicht repariert werden, wenn die Reparatur über 250 Euro kostet. Dann kaufen wir eine neue. Könntest du auch die Abrechnung für die Arbeitsstunden der Kolleginnen machen? Sag bitte Fatma noch einmal, Überstunden können nicht bezahlt werden. Sie dürfen aber abgebummelt werden, das heißt, Fatma kann früher gehen, wenn nicht viel Arbeit ist. Sie hat das immer noch nicht verstanden und sich vor Kurzem darüber beschwert. Danke, Yasmin! Ruf mich an, wenn du Fragen hast.
Gruß Elisabeth

1 Yasmin soll
- a ☐ alle Termine von Elisabeth übernehmen.
- b ☐ Elisabeths Termine absagen.
- c ☐ zwei Kundinnen von Elisabeth einen anderen Termin vorschlagen.

2 Die Föhnhaube
- a ☐ darf nicht für mehr als 250 Euro repariert werden.
- b ☐ muss auf jeden Fall repariert werden.
- c ☐ soll nur repariert werden, wenn eine neue Haube billiger ist.

3 Bei der Abrechnung der Arbeitsstunden
- a ☐ können Überstunden nicht bezahlt werden.
- b ☐ gibt es immer wieder Beschwerden.
- c ☐ müssen auch die Überstunden berechnet werden.

GUT ZU WISSEN

Die „Arbeitsunfähigkeitsbescheinigung" (AU) muss spätestens nach 3 Tagen beim Arbeitgeber vorliegen. Am ersten Tag muss man sich kurz vor regulärem Arbeitsbeginn telefonisch oder schriftlich krankmelden. Details dazu regelt der Arbeitsvertrag.

GRAMMATIK

Passiv Präsens mit Modalverb
Modalverb + Partizip II + werden
*Ich **muss** morgen vertreten werden.*

b Schreiben Sie die Sätze im Präsens Aktiv.

1 Der Termin mit ihm **muss** abgesagt werden. *Ich muss den Termin mit ihm absagen.*
2 Sie **können** auf nächste Woche verlegt werden. ....
3 Die Föhnhaube **soll** nicht repariert werden. ....
4 Überstunden **können** nicht bezahlt werden. ....
5 Sie **dürfen** aber abgebummelt werden. ....

c Bringen Sie die Sätze in die richtige Reihenfolge. Schreiben Sie in Ihr Heft.

1 werden | nach drei Krankheitstagen | müssen | Krankmeldungen | vorgelegt
2 kann | werden | Die Vertretung | mit den Kollegen organisiert
3 schriftlich | Die Aufgaben | sollen | werden | übergeben
4 nicht | Überstunden | berechnet | werden | dürfen
5 Zusätzliche Arbeitsstunden | abgebummelt | dürfen | werden
6 im Berichtsheft | werden | Die Arbeitsstunden | aufgeschrieben | sollen

13 Lernspiel: Sagen Sie, was zu tun ist

- Spielen Sie zu dritt oder zu viert.
- Eine Person beginnt und würfelt zweimal.
- Die erste Augenzahl gibt an, auf welches Feld Sie gehen, die zweite Würfelzahl gibt an, welche grammatische Form Sie nutzen.
- Formulieren Sie einen Satz mit der Wortgruppe und der grammatischen Struktur der Augenzahl des Würfels.
- Ihre Mitspieler kontrollieren den Satz. Wenn er korrekt ist, bekommen Sie einen Punkt.
- Jede Person ist fünfmal dran, wer die meisten Punkte hat, hat gewonnen.

1 auf Hygiene achten	2 Unfallbericht schreiben	3 Berichtsheft führen	4 Arbeitsbericht führen
6 Alarmanlage einschalten			5 anrufen
5 Lager aufräumen			6 achten auf
4 Firmenwagen waschen	3 Quittung aufheben	2 Auto volltanken	1 Vertretung organisieren

Das Auto wird vollgetankt. Ich brauche die Quittung. Ich wasche den Firmenwagen in der Waschanlage.

Bilden Sie einen Satz im Passiv.

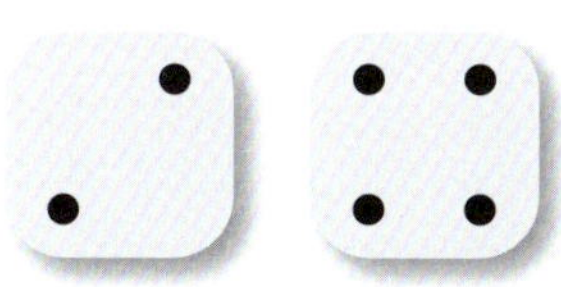

Bilden Sie einen Satz mit einer Wechselpräposition.

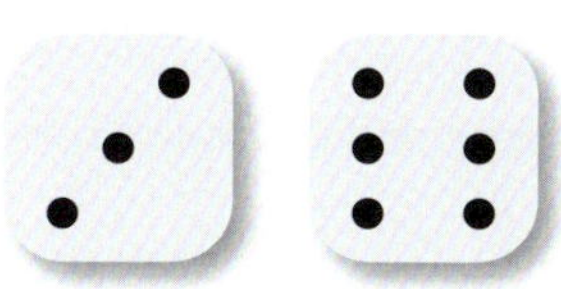

Bilden Sie einen Satz mit *brauchen*.

Sprachbausteine

Was muss man befolgen?
die Anleitung
die Anweisung
den Hinweis
die Hygienevorschriften

Was muss man beachten?
das Auto volltanken
die Quittung aufheben
den Firmenwagen waschen
das Lager aufräumen
die Alarmanlage einschalten
auf Hygiene achten
einen Unfallbericht schreiben
ein Berichtsheft führen
einen Arbeitsbericht schreiben

Wie warnt man vor Gefahr?
Achtung
Pass auf!
Vorsicht!
Sei vorsichtig!

Im Putzraum
das Waschbecken
der Putzlappen
das Regal
der Staubsauger
die antibakterielle Seife

Was ist gefährlich?
brennbares Material
explosives Material
elektrische Spannung
giftiges Material
ätzende Säure

Verbesserungsvorschläge machen
Könnte man nicht ...?
Wäre es nicht gut, ...?
Warum versuchen wir nicht ...?
Wollen wir vielleicht ...?
Es wäre wichtig, ...
Wir könnten versuchen, ...

Grammatik

Die Wechselpräpositionen

Wo? **Dativ** ← in, auf, neben, zwischen, an, hinter, vor, unter, über → **Wohin?** **Akkusativ**

Richtungspräpositionen
aus, bei, nach, von, zu + Dativ

Vorgangspassiv Präsens

***werden* + Partizip II**

Das Beratungsgespräch	wird	heute	geführt.
Die Handtücher	werden	von der Wäscherei	gewaschen.

Passiv Präsens mit Modalverben

Subjekt	Modalverb als Prädikat	Adverbiale Bestimmung / Objekt	Partizip II	Infinitiv von werden
Der Termin	**soll**	auf morgen	verschoben	werden.
Die Ware	**muss**	heute	bestellt	werden.
Die Kollegen	**können**	sofort	informiert	werden.
Wir	**wollen**	heute Abend	angerufen	werden.
In der Prüfung	**darf**	nie das Handy	benutzt	werden.

Anweisungen ausdrücken
***Es ist verboten**, im Unterricht **zu** telefonieren.*
***Es ist nicht erlaubt**, in der Prüfung ein Handy **zu** benutzen.*
*Ihr **braucht** das Auto **nicht zu** waschen.*

Kontakte mit Kunden

Was finden Sie einfach und warum?

- ☐ Bestellungen aufgeben
- ☐ Kunden / Gästen / Patienten Auskunft geben
- ☐ nachfragen, ob etwas erledigt wurde
- ☐ sich beschweren
- ☐ auf Beschwerden reagieren
- ☐ Termine vereinbaren

1 Arbeitsmaterial

a Was braucht Kofi im Malerbetrieb, was braucht Yasmin im Friseurladen? Was brauchen beide? Ordnen Sie zu und schreiben Sie in Ihr Heft.

Weißlack | Haarspray | Pinsel | Farbroller | Shampoo | Heizkörperlack | Fassadenfarbe
Haarkur | Kaffee | Tapetengrundierung | Haarfarbe | Isolierfarbe

24 **b** Yasmin gibt telefonisch eine Bestellung auf. Hören Sie das Gespräch und ergänzen Sie die Bestellnotiz der Firma Lemke.

Bestellung
Salon: ....
Telefon: ....
Ansprechpartnerin: ....
Bestellung: ....
....
....
Wunschtermin Lieferung: ....

c Ordnen Sie zu und schreiben Sie zu jedem Verb einen Satz in Ihr Heft.

1	sich entscheiden	a	von
2	zufrieden sein	b	für
3	Zeit haben	c	mit
4	nehmen	d	über
5	sprechen	e	für

d Streichen Sie die falschen Wörter durch.

1 Sie möchten etwas bestellen:
Wovon | *Wofür* | *Womit* haben Sie sich entschieden?
2 Das neue Shampoo:
Sind Sie *damit* | *dagegen* | *darin* zufrieden?
3 Das neue Shampoo:
Daraus | *Dabei* | *Davon* nehmen wir diesmal mehr.
4 Neue Produkte kennenlernen: *Dazu* | *Dafür* | *Damit* haben wir dienstags leider keine Zeit.
5 Ein anderer Liefertag: *Darüber* | *Dabei* | *Dafür* werde ich mit unserem Fahrer sprechen.

GRAMMATIK

Präpositionaladverbien
▶ ***Womit*** *arbeiten Sie am liebsten?*
▷ ***Mit*** *der neuen Naturfarbe.*
▶ ***Damit*** *arbeiten viele gern.*

e Spielen Sie einen Dialog. Bestellen Sie am Telefon Produkte und sagen Sie, mit welchen Produkten Sie (nicht) zufrieden sind.

Wir können die Bestellung am ... liefern.

Ich würde gerne eine Bestellung ...

Ich bin (nicht) zufrieden ...

Könnten Sie die Bestellung am ... liefern?

Das tut uns leid. Möchten Sie ...

2 Bin ich hier richtig?

a Hören Sie die Anrufe. Was passt? Ordnen Sie zu. 25

1 In Anruf 1…
2 In Anruf 2…
3 In Anruf 3…

a hört man Informationen von einem Anrufbeantworter.
b soll der Anrufer zu einer anderen Zeit nochmal anrufen.
c ist die Chefin die richtige Ansprechpartnerin.
d ist der richtige Ansprechpartner unterwegs.
e wird eine Anlaufstelle für Notfälle genannt.
f bekommt der Anrufer die passende Telefonnummer.

GRAMMATIK

Lokaladverbien: *hier, da, dort, links, rechts, vorne …*
Temporaladverbien: *dann, nochmal, nie, gerade, momentan, freitags …*
Kausaladverbien: *deshalb, dadurch*

b Was passt? Setzen Sie die passenden Adverbien ein.

freitags | abends | gerade | montags | da

Guten Tag, Sie hören ……1…… nur den Anrufbeantworter der Zahnarztpraxis Dr. Wolden. Zurzeit ist niemand ……2…… . Die Sprechzeiten sind montags bis ……3…… von 8 bis 13 Uhr und ……4…… , dienstags und donnerstags von 13 bis 17 Uhr. ……5…… sowie an Sonn- und Feiertagen wenden Sie sich in dringenden Fällen bitte an die Zahnklinik Berlin-Mitte, Telefon 40 28 79 35 99.

momentan | nochmal | dadurch | dann | hier | da

▶ Friseursalon Hairstil, Yasmin Schokai am Apparat, was kann ich für Sie tun?

▷ Guten Tag, ……6…… spricht Dennis Liebert. Ich interessiere mich für einen Ausbildungsplatz in Ihrem Salon. Könnte ich Ihnen dazu ein paar Fragen stellen?

▶ Das passt leider ……7…… nicht, die Chefin ist krank. Sie ist erst nächste Woche wieder ……8…… . ……9…… habe ich sehr viel zu tun. Ich kann Ihnen aber sagen, dass wir grundsätzlich Auszubildende annehmen. Am besten rufen Sie nächste Woche ……10…… an, ……11…… ist meine Chefin wieder da. Sie kann Ihnen auch alle Fragen beantworten.

c Wählen Sie eine Situation und sprechen Sie mit Ihrer Partnerin / Ihrem Partner.

A Sie wollen einen Zahnarzttermin. Sprechen Sie auf den Anrufbeantworter.
B Rufen Sie zurück.

A Sie wollen ein Praktikum im Altenheim machen. Rufen Sie an.
B Die Personalchefin ist nicht da, sagen Sie, wann sie zu sprechen ist.

A Sie wollen neue Farben liefern, aber finden die Malerfirma nicht. Fragen Sie nach dem Weg.
B Überlegen Sie sich einen Weg und erklären Sie ihn.

3 Eine Frage an die Zahnklinik

a Ulla Baier schreibt um 18:45 Uhr über das Kontaktformular eine Nachricht an die Zahnklinik Berlin-Mitte. Was passt? Setzen Sie ein.

Arbeit | brauchen | vorbeikommen | geehrte | geöffnet
Zahnarzt | Zahnschmerzen

Ihre E-Mail-Adresse:

kontakt@ulla-baier.de

Betreff:

Behandlung ohne Termin?

Ihre Nachricht:

Sehr ......1...... Damen und Herren,

ich bin noch bei der ......2...... und habe starke ......3...... .
Mein ......4...... hat um diese Uhrzeit natürlich nicht ......5...... .
Kann ich in Ihrer Zahnklinik einfach ......6...... oder ......7...... ich einen Termin?

Freundliche Grüße

Ulla Baier

b Lesen Sie die Antwort der Zahnklinik und die Sätze dazu: richtig oder falsch? Kreuzen Sie an.

Sehr geehrte Frau Baier,

vielen Dank für Ihre Nachricht. Bei uns brauchen Sie keinen Termin, kommen Sie einfach vorbei.
Wir haben heute bis 21:00 Uhr geöffnet. Danach gibt es bis 24 Uhr einen Notdienst, er ist heute in der Zahnklinik Berlin-Schöneberg.

Mit freundlichen Grüßen
Sandra Leweke

		✓	✗
1	In der Zahnklinik kann man sich ohne Voranmeldung behandeln lassen.	☐	☐
2	Frau Baier soll auf jeden Fall sofort kommen.	☐	☐
3	In Berlin-Schöneberg ist täglich Notdienst bis 24 Uhr.	☐	☐

c Lesen Sie die Fragen an die Zahnklinik und schreiben Sie Antwort-Mails.

Guten Tag,
ist es egal, in welche der fünf Zahnkliniken man geht?

Viele Grüße
Lutz Krämer

Ja, egal

Hallo, eine Frage: Bezahlt die gesetzliche Krankenkasse eine Behandlung in der Zahnklinik?

Freundliche Grüße
Natasha Roczek

die Notfallbehandlung: ja
danach: nicht generell alles

Sehr geehrtes Team,
behandeln Sie auch Kinder? Meine Tochter hat sehr starke Zahnschmerzen.

Dank und Gruß
Stefanie Süder

ja

4 In der Zahnklinik

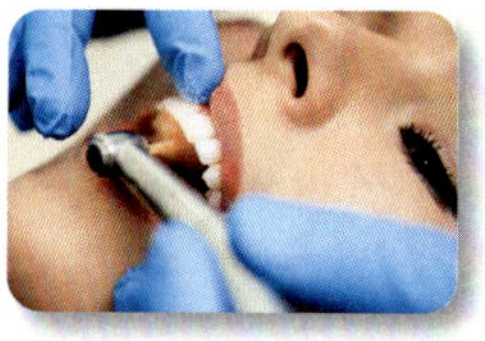

der Bohrer

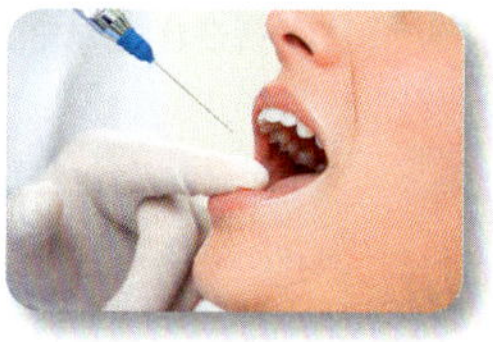

die Betäubungsspritze

a Hören Sie das Behandlungsgespräch zwischen Arian Begu und Ulla Baier und wählen Sie die passenden Sätze aus. 26

1 Frau Baier ...
- a ☐ hat schon den ganzen Tag Schmerzen.
- b ☐ musste Schmerztabletten nehmen.

2 Der Zahn ...
- a ☐ hat Karies.
- b ☐ muss entfernt werden.

3 Ein Inlay ...
- a ☐ ist eine individuell angefertigte Zahnfüllung.
- b ☐ ist ein künstlicher Zahn.

4 Die Krankenkasse bezahlt ...
- a ☐ Inlays aus einer Keramik-Kunststoff-Mischung.
- b ☐ die provisorische Füllung aus Zement.

5 Frau Baier möchte ...
- a ☐ eine Betäubung.
- b ☐ keine Betäubung.

b Hören Sie den Dialog noch einmal und bringen Sie die Behandlungsschritte in die richtige Reihenfolge. Sprechen Sie: Was macht Dr. Begu zuerst? Was dann? 26

- ☐ den Abdruck für das spätere Inlay machen
- ☐ das Loch provisorisch mit Zement füllen
- ☐ eine Betäubungsspritze geben
- ☐ die Inlay-Behandlung planen
- ☐ die Karies mit dem Bohrer entfernen

Zuerst gibt Dr. Begu ...

Dann ...

c Was passt: *um ... zu, ohne ... zu* oder *(an)statt ... zu*? Ergänzen Sie.

> **GRAMMATIK**
>
> **um ... zu, ohne ... zu, (an)statt ... zu + Infinitiv**
>
> *Ich lerne weiter Deutsch, ...*
> *__um__ eine gute Arbeit __zu__ finden.*
> *__ohne__ mich __zu__ stressen.*
> *__(an)statt__ mich nur um die Familie __zu__ kümmern.*

1 Ich konnte das ohne Schmerztabletten nicht aushalten.
▶ Ich konnte das nicht aushalten, ... Schmerztabletten .... nehmen.

2 Mal sehen, was ich tun kann, damit ich Ihnen helfe.
▶ Mal sehen, was ich tun kann, ... Ihnen .... helfen.

3 Damit wir den Zahn wieder stabil machen, brauchen wir ein Inlay.
▶ .... den Zahn wieder stabil .... machen, brauchen wir ein Inlay.

4 Sie können auch ein Keramik-Kunststoff-Inlay nehmen statt eines aus Gold.
▶ Sie können auch ein Keramik-Kunststoff-Inlay nehmen, ... sich für eines aus Gold .... entscheiden.

d Sprechen Sie zu zweit: Vervollständigen Sie die Sätze.

Ich möchte zum Zahnarzt gehen, ohne ... zu ...

Ich putze gründlich die Zähne, um ... zu ...

Ich gehe regelmäßig zum Zahnarzt, anstatt ... zu ...

5 Im Kontakt mit dem Lieferanten

a Yasmin schreibt eine E-Mail an Frau Hasler von der Firma Friseurbedarf Lemke. Sortieren Sie die Sätze.

Von:	y.schokai@hairstil.com
An:	Carola.Hasler@friseurbedarf-lemke.de

Sehr geehrte Frau Hasler,

haben | wir | telefoniert | am Mittwoch | ,
ich | meine aktuelle Bestellung | durchgegeben | habe Ihnen | .
Es | noch die Frage | war | offen | ,
die Produkte | ob | auch am Montag statt am Dienstag | liefern | Sie | können | .
Sie | inzwischen | Haben | geklärt | ,
das | ob | ist | möglich | ?
Bitte | Sie | mir | geben | dazu eine kurze Rückmeldung | .

Mit freundlichen Grüßen
Yasmin Schokai

b Lesen Sie nun die E-Mail und die Sätze dazu: richtig oder falsch? Kreuzen Sie an.

		✓	✗
1	Yasmin nimmt Bezug auf das Telefonat vom Mittwoch.	☐	☐
2	Sie möchte ihre Bestellung ändern.	☐	☐
3	Sie ist nicht zufrieden mit der Lieferung.	☐	☐
4	Sie fragt nach, ob Frau Hasler den neuen Liefertermin abgeklärt hat.	☐	☐
5	Sie möchte wissen, ob die Produkte nun am Montag geliefert werden können.	☐	☐

c Schreiben Sie eine Antwort an Yasmin in Ihr Heft. Schreiben Sie über die folgenden Punkte.

- Entschuldigung für späte Antwort und Angabe eines Grundes
- Lieferung der bestellten Produkte
- Dann auch Präsentation eines neuen Haarsprays

6 Fragen und Antworten

a Ordnen Sie zu.

1 Wie ist der Anfahrtsweg für Lieferwagen?
2 Bis wann können Sie das Medikament liefern?
3 Gibt es einen Mengenrabatt?
4 Haben Sie Ihre Buchung schon bestätigt?

a Sie erhalten es bis 16 Uhr.
b Ja, ab 500 Stück gibt es 20 Prozent Preisnachlass.
c Nein, aber wir möchten definitiv buchen.
d Bitte kommen Sie zu unserem Lieferanteneingang in der Lindenstraße.

b Wer schreibt die Frage, wer die Antwort? Stellen Sie Vermutungen an.

7 Beim Zahnarzt

a Dr. Arian Begu schreibt eine E-Mail an die Patientin Ulla Baier. Setzen Sie die fehlenden Wörter ein.

durchführen | stabil | entschieden | Behandlung | angepasst | vereinbaren | Erstellung | haltbarsten

An: Baier@online.de
Betreff: Angebot

Sehr geehrte Frau Baier,

wie nach der Erst-............ 1 .... am 18.06. vereinbart, schicke ich Ihnen hiermit die Preisangaben für ein Inlay aus verschiedenen Materialien:

Kunststoff-Inlay: 140 Euro, Haltbarkeit bis zu 7 Jahren
Keramik-Inlay: 320 Euro, Haltbarkeit bis zu 10 Jahren
Gold-Inlay: 390 Euro, Haltbarkeit bis zu 20 Jahren

Das Inlay aus Gold ist am .... 2 .... und stabilsten. Kunststoff (Komposit) und Keramik sind nicht ganz so .... 3 .... und haltbar, haben aber den Vorteil, dass sie an die Zahnfarbe .... 4 .... sind.
Wenn Sie sich für ein Material .... 5 .... haben und die Behandlung bei uns .... 6 .... lassen möchten, geben Sie uns bitte Bescheid. Dann können wir das Labor mit der .... 7 .... des Inlays beauftragen und den zweiten Behandlungstermin mit Ihnen .... 8 ....

Mit freundlichen Grüßen
Dr. Arian Begu,
Zahnklinik Berlin-Mitte

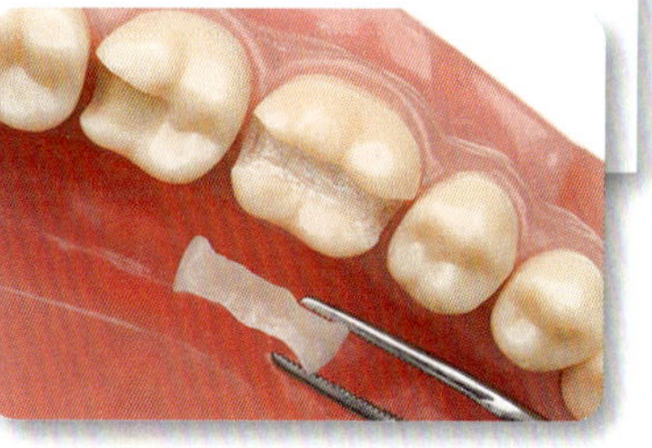

b Lesen Sie die E-Mail noch einmal und kreuzen Sie die richtige Antwort an.

1 Worum geht es in Arians E-Mail an die Patientin?
a ☐ Um die Rechnung für die Erstbehandlung.
b ☐ Um Optionen für die zweite Behandlung.

2 Welches Material empfiehlt Arian für das Inlay?
a ☐ Er empfiehlt nicht, er informiert nur.
b ☐ Er empfiehlt Keramik.

3 Was muss vor dem Einsetzen des Inlays geschehen?
a ☐ Frau Baier braucht eine weitere Vorbehandlung.
b ☐ Ein Labor muss das Inlay erstellen.

c Substantivierungen: Ergänzen Sie die Wörter aus dem Kasten in 7a in der passenden Form.

Verb / Adjektiv	Substantiv
behandeln	
haltbar	die Haltbarkeit
	die Stabilität
	die Anpassung
	die Entscheidung
	die Durchführung
erstellen	
	die Vereinbarung

d Bilden Sie mit jedem Substantiv aus 7c eine Frage. Ihre Partnerin / Ihr Partner antwortet.

8 Eine Beschwerde

a Lesen Sie die E-Mail und beantworten Sie die Fragen.

Von: y.schokai@hairstil.com
An: info@friseurbedarf-lemke.de

Sehr geehrte Damen und Herren,

heute war unser neuer vereinbarter Liefertermin für die bestellten Produkte, aber wir haben keine Lieferung erhalten, obwohl Frau Hasler mir den neuen Termin (auf Nachfrage!) bestätigt hat. Da wir die Produkte spätestens Mitte der Woche benötigen, müsste ich wissen, wann Sie sie nun liefern. Falls es von Ihrer Seite aus doch nicht mit Montag als festem Liefertermin klappt, geben Sie mir bitte auch so bald wie möglich Bescheid. Dann müssten wir uns etwas anderes überlegen.

Mit freundlichen Grüßen
Yasmin Schokai, Salon Hairstil

1 An wen schreibt Yasmin die E-Mail? ....

2 Was ist das Problem? ....

3 Was möchte Yasmin?
- ....
- ....

b Markieren Sie in der E-Mail *da, falls, obwohl* und ergänzen Sie die Regel.

Ende | wenn | weil | weil | Nebensatz

GRAMMATIK

Die Konnektoren **da, falls, obwohl** brauchen einen ...., das heißt, das Verb steht am ....

da = ...

falls = ...

obwohl ↔ ....

9 Ein Missverständnis bei Friseurbedarf Lemke

27

Hören Sie das Gespräch zwischen Frau Hasler und ihrer Chefin. Lesen Sie die Fragen und wählen Sie die richtige Antwort aus.

1 Wie kam es zu dem Missverständnis?
  a ☐ Herr Kalmbach war krank.
  b ☐ Frau Hasler kannte den Routenplaner noch nicht.

2 Was soll jetzt in der Firma geschehen?
  a ☐ Frau Hasler soll eine Einweisung in das Programm bekommen.
  b ☐ Frau Holert soll mit Herrn Kalmbach sprechen.

3 Was sagt die Chefin, wie kann man Kundenbeschwerden vermeiden?
  a ☐ Indem jeder den Routenplaner benutzt.
  b ☐ Indem alle die Abläufe in der Firma kennen.

GRAMMATIK

Der Konnektor **indem** steht ebenfalls in einem Nebensatz. Er antwortet auf die Frage *wie*.

10 Lernspiel: Gruppenwettkampf

Teilen Sie den Kurs in Gruppen von vier bis fünf Personen auf. Die Gruppen spielen gegeneinander.

Erste Runde: Vokabelspiel
Jede Gruppe bekommt zwei große Papiere. Auf das eine Blatt schreiben die Teilnehmer der Gruppe in drei Minuten möglichst viele Wörter zum Thema Zahnarzt, auf das andere Blatt möglichst viele Wörter zum Thema Friseur – Nomen mit Artikel.
Anschließend werden die Wörter gemeinsam im Plenum kontrolliert.
Die Gruppe, die die meisten Wörter richtig geschrieben hat, hat diese Runde gewonnen.

Zweite Runde: Grammatikspiel
Jede Gruppe nimmt möglichst viele Wörter aus der ersten Runde und schreibt damit Sätze mit folgenden Strukturen:

1 um ... zu ....
2 ohne ... zu ....
3 deshalb ....
4 da ....
5 falls ....
6 obwohl ....
7 indem ....

Kontrollieren Sie die Sätze gegenseitig in Gruppen.
Die Gruppe, die die meisten Sätze grammatikalisch richtig hat, hat diese Runde gewonnen.

Dritte Runde: Beschwerde
Formulieren Sie mit diesen Sätzen eine Beschwerde. Die Gruppe, die ein Problem am besten dargestellt hat, gewinnt.

Sprachbausteine

telefonisch eine Bestellung aufgeben

Ich möchte ... bestellen.
Wir brauchen ...
Außerdem hätten wir gern ...
Das ist im Moment alles.
Eine Bitte hätte ich noch ...

Informationen bestätigen lassen / nachfragen

Bitte bestätigen Sie den Termin / die Bestellung / ...
Geben Sie uns bitte Bescheid, wenn ...
Haben Sie inzwischen geklärt, ob / wie / wann ...
Bitte geben Sie uns dazu eine kurze Rückmeldung.

jemanden an andere Stellen verweisen

Dafür ist Herr / Frau ... zuständig.
Das ist der Bereich von Herrn / Frau ...
Einen Moment, ich verbinde Sie mit ...
Gehen Sie am besten zu ...
Wenden Sie sich bitte an Herrn ...,
seine Durchwahl ist ...
das ist die erste Tür links.
Da müssten Sie Frau ... fragen

Grammatik

Präpositionaladverbien

Fragewort	Präpositionaladverbien	Präposition	Fragewort	Präpositionaladverbien	Präposition
Wofür	dafür	für	Woraus	daraus	aus
Womit	damit	mit	Wovon	davon	von
Worauf	darauf	auf	Woran	daran	an
Worüber	darüber	über	Worum	darum	um

▶ ***Womit** arbeiten Sie am liebsten?* ▷ *Mit der neuen Naturfarbe.* ▶ *Damit arbeiten viele gern.*

Lokaladverbien: hier, da, dort, links, rechts, vorne ...	**Temporaladverbien:** dann, nochmal, nie, gerade, momentan	**Kausaladverbien:** deshalb, dadurch
→ **Hier** ist keine Lieferung angekommen.	→ **Momentan** haben wir keine Bestellung erhalten.	→ Ich muss etwas bestellen, **deshalb** rufe ich Frau Lemke an.

Substantivierungen	
den Zahn **behandeln**	die **Behandlung** des Zahns
das Inlay an die Zahnfarbe **anpassen**	die **Anpassung** des Inlays an die Zahnfarbe

Akkusativergänzungen des Verbs werden bei Substantivierungen mit Genitiv ausgedrückt.

um ... zu, ohne ... zu, (an)statt ... zu + Infinitiv	
Ich lerne weiter Deutsch, ...	**um** eine gute Arbeit **zu** finden. **ohne** mich **zu** stressen. **(an)statt** mich nur um die Familie **zu** kümmern.

Die Konnektoren **da, falls, obwohl** brauchen einen Nebensatz, das heißt, das Verb steht am Ende.
da = weil, falls = wenn, obwohl ↔ weil
Da und **falls** werden eher beim Schreiben als beim Sprechen verwendet.
Auch **indem** ist ein Nebensatz-Konnektor. Er antwortet auf die Frage *wie*.
*Wir können Beschwerden vermeiden, **indem** alle die Abläufe besser kennen.*

Café Talk

... bietet jeweils ein Interview und einen Sachtext – zum Lesen, Diskutieren, Recherchieren und Berichten.
Heute ist José Perreira unser Gast im Café Talk. Er beantwortet sechs Fragen über sein Leben.

1 Initiativbewerbung

Lesen Sie den Text. Welche Wünsche hat Herr Perreira? Welche Wünsche haben Sie? Sprechen Sie zu zweit.

Herr Perreira, verraten Sie uns zuerst Ihr Alter und woher Sie kommen?
Ja, klar: Ich bin 42 Jahre alt. Ich komme aus Brasilien.

Beschreiben Sie sich als Person: Welche Wörter kommen Ihnen spontan in den Sinn?
Ich liebe Spiele, ich liebe Spielen. Natürlich vor allem Computerspiele, aber auch zum Beispiel Gesellschaftsspiele und Mannschaftssport. Ich spiele Volleyball, seit ich 15 bin – zum Glück habe ich auch hier in Köln einen sehr netten Volleyballverein gefunden. Die Leute dort sind auch wichtige Kontakte für mich. Was noch? Ich bin ein Tüftler, finde gerne Lösungen – vor allem natürlich im Softwarebereich. Und: Ich bin ein Familienmensch. Meine Frau und meine drei Kinder sind für mich das Wichtigste überhaupt.

Von der Schule bis zum Beruf: Was waren bisher die wichtigsten Stationen in Ihrem Leben?
Nach der Schule habe ich in São Paulo Informatik studiert und danach in verschiedenen Unternehmen als Software-Entwickler gearbeitet. Das war okay, aber irgendwann habe ich mich gelangweilt, denn die Inhalte der Programme haben mich überhaupt nicht interessiert. Ich war schon lange ein leidenschaftlicher Computerspieler und mein Traum war es, selbst Spiele zu entwickeln. Ich habe mir das dann in meiner Freizeit selbst beigebracht. Als ich fünf Spiele produziert hatte, habe ich mich damit international beworben – denn in Brasilien gibt es keine großen Unternehmen für Computerspiele. In Köln hat es zuerst geklappt. Hier arbeite ich jetzt seit zwei Jahren und es ist wirklich toll. Ich habe mein Hobby zum Beruf gemacht.

Ich war schon lange ein leidenschaftlicher Computerspieler, und mein Traum war es, selbst Spiele zu entwickeln.

Aber natürlich war es nicht einfach für meine Frau und meine Kinder, alles in Brasilien hinter sich zu lassen und in Deutschland neu anzufangen. Das war am Anfang schon hart. Zum Glück fühlen sich die Kinder jetzt wohl, sie sprechen viel besser Deutsch als ich und meine Frau, weil wir beide bei der Arbeit Englisch sprechen.

Ihre derzeitige Situation: Wie zufrieden sind Sie auf einer Skala von 1 (sehr schlecht) bis 10?
Ich bin sehr zufrieden. Ich habe alles erreicht, was ich mir vorgenommen habe. Doch ich vermisse manchmal Brasilien. Deshalb würde ich sagen 8.

Wünsche, Träume, Hoffnungen: Wenn Sie etwas an Ihrer persönlichen Situation ändern könnten, was wäre das?
Ich wünsche mir, mein Deutsch deutlich zu verbessern. Ich brauche es zwar nicht für die Arbeit, aber ich möchte zum Beispiel auf Elternabenden verstehen und mitreden können. Außerdem hätten wir gern eine größere Wohnung, aber unbedingt hier in diesem Stadtteil. Die Kinder sollen nicht nochmal neu anfangen müssen. Und Wohnungssuche in Köln, das ist nicht einfach!

Weiterentwicklung und Pläne: Welche beruflichen Pläne haben Sie und wo sehen Sie sich in zehn Jahren?
Vielleicht in einer leitenden Position bei meinem jetzigen Arbeitgeber? Aber wirklich wichtig ist das nicht, ich fühle mich beruflich sehr angekommen. In zehn Jahren wäre ich allerdings vermutlich doppelt so alt wie die allermeisten Kollegen!

Danke, Herr Perreira. Ihr Kaffee geht auf uns!

2 Fakten und Meinungen

Lesen Sie den Text und lösen Sie die Aufgaben.

Bewerbung auf eigene Initiative

Neben Stellenausschreibungen, Stellengesuchen und dem Herumhören im Bekanntenkreis gibt es noch eine Möglichkeit, eine neue Arbeit zu finden: die Initiativbewerbung. Eine Initiativbewerbung eignet sich zum Beispiel bei kreativen Berufen, wenn man Arbeitsproben vorweisen kann wie der Game-Entwickler José Perreira – er wusste außerdem genau, für welche Unternehmen seine Fähigkeiten interessant sind, weil er ihre Spiele als User kannte. Aber auch in anderen Berufen und Branchen kann eine Initiativbewerbung ein effektiver Weg sein. Denn Schätzungen zufolge werden 70 Prozent der offenen Stellen gar nicht ausgeschrieben, weil es die Betriebe zu viel Zeit und Geld kostet. Und selbst wenn es im Moment keine passende Stelle gibt: Häufig werden interessante Initiativbewerber in die Datenbank des Unternehmens aufgenommen und man kommt dann auf sie zu, wenn eine passende Stelle frei wird. Es kann auch passieren, dass der Empfänger die Bewerbung an eine andere Abteilung oder ein anderes Unternehmen weitergibt, wo gerade etwas Passendes frei ist.

Bei der Initiativbewerbung ist es wichtig, dass man sich sehr genau überlegt, warum man bei genau dieser Firma arbeiten möchte und warum das eigene Profil so gut zu dieser Firma passt. Der Lebenslauf und vor allem das Anschreiben sollten unbedingt diesen Fokus haben. Dafür sollte man sich selbst und auch das Wunsch-Unternehmen gut analysieren. Im Idealfall kann man sich dadurch genau die Stelle schaffen, die man sich wünscht und die dem Unternehmen bisher gefehlt hat. Initiativbewerber sind für Unternehmen interessant, weil sie von vornherein Engagement und auch Mut zeigen. Sie bringen sich ins Unternehmen ein, noch bevor sie eine Stelle haben.

Nicht zu verwechseln sind Initiativbewerbungen mit Blindbewerbungen. Bei Blindbewerbungen nimmt man immer den gleichen Bewerbungstext und schickt ihn an verschiedene Unternehmen. Initiativbewerbungen sind aufwendiger, weil individuell auf das jeweilige Unternehmen zugeschnitten. Aber es kann durchaus ein Traumjob dabei herauskommen.

a Welche Unternehmen interessieren Sie besonders? Wegen ihrer Produkte, ihrer Unternehmensphilosophie oder …? Formulieren Sie Ihre Faszination.

Die Firma … interessiert mich, weil …

Besonders Produkte für … finde ich gut.

b Was könnten Sie diesen Firmen / dieser Firma anbieten? Welche Talente, Fähigkeiten, Kenntnisse von Ihnen würden gut zu dieser Firma passen?

c Schreiben Sie ein Anschreiben für eine Initiativbewerbung bei Ihrem Lieblingsunternehmen.

Arbeitsbuch

Im Arbeitsbuch finden Sie:

- ein separates Aussprachetraining, mit dem Sie von Beginn an Ihre Aussprache verbessern können
- vertiefende Übungen zu allen 6 Lektionen im Kursbuch, die Sie im Unterricht oder zu Hause machen können
- den Lernwortschatz jeder Lektion zusammengefasst, mit viel Platz zum Bearbeiten
- Lernzielkontrollen nach jeder Lektion.
  Hier können Sie selbst einschätzen, wie gut Sie das Gelernte bereits beherrschen.
  Markieren Sie den jeweils passenden Smiley.

1 W-Fragen

a Lesen Sie die W-Fragewörter laut vor. Achten Sie dabei auf die Aussprache von *w*.

warum | wie | wofür | woher | was | wovon | welcher

28 **b** Setzen Sie die Fragewörter aus 1a ein und hören Sie zur Kontrolle.

1 .... kommt Daja?
2 .... interessierst du dich?
3 .... viele Kinder hat er?
4 .... macht Tom beruflich?
5 .... sprichst du?
6 Aus .... Stadt kommst du?
7 .... kommst du zu spät zum Deutschkurs?

29 **c** Hören Sie noch einmal und sprechen Sie nach.

d Stellen Sie Ihrer Partnerin / Ihrem Partner Fragen wie in 1b. Sie / er beantwortet die Fragen.

Was machst du beruflich?

2 Satzakzent und Satzmelodie

30 **a** Hören Sie die Beispiele und achten Sie dabei auf den Satzakzent. Welches Wort wird besonders laut und deutlich gesprochen? Unterstreichen Sie.

1	Wie heißen Sie?	W-Frage, ohne besondere Betonung
2	Wie heißen Sie?	Nachfrage (wenn man etwas nicht verstanden hat oder nicht glauben kann / will)
3	Wie heißen Sie?	Man fragt mehrere Personen nacheinander.

REGEL

In W-Fragen wird normalerweise das Verb betont. Der Sprecher kann aber auch die Information betonen, die für ihn die wichtigste ist.

30 **b** Geht der Sprecher mit der Stimme am Ende nach oben oder nach unten? Hören Sie noch einmal und achten Sie nun auf die Satzmelodie. Schreiben Sie zu den Sätzen in 2a die Satzmelodie mit ↗ oder ↘.

31 **c** Was hören Sie? Eine Aussage oder eine Nachfrage? Kreuzen Sie an.

REGEL

Bei Aussagesätzen liegt der Satzakzent normalerweise auf dem letzten Wort. Die Satzmelodie geht nach unten. *Er wohnt in Köln.* ↘

Aussagesätze können auch als Nachfrage dienen. Dann geht die Satzmelodie nach oben. *Er wohnt in Köln?* ↗

1 a ☐ Ihr Name ist Heller.
b ☐ Ihr Name ist Heller?
2 a ☐ Sie kommt aus Frankfurt.
b ☐ Sie kommt aus Frankfurt?
3 a ☐ Er arbeitet bei der Firma Wiesenmüller.
b ☐ Er arbeitet bei der Firma Wiesenmüller?
4 a ☐ Alexander arbeitet als Lagerhelfer.
b ☐ Alexander arbeitet als Lagerhelfer?
5 a ☐ Er hat einen Termin in der Personalabteilung.
b ☐ Er hat einen Termin in der Personalabteilung?
6 a ☐ Wir haben nächste Woche einen Auftrag in Leipzig.
b ☐ Wir haben nächste Woche einen Auftrag in Leipzig?

d Hören Sie jetzt alle Aussagen und Fragen aus 2c und sprechen Sie nach. Markieren Sie in 2c Satzakzent und Satzmelodie. 32

e Führen Sie ein Interview mit einer Partnerin / einem Partner. Achten Sie bei den Fragen und Antworten auf die richtige Satzmelodie. Stellen Sie Nachfragen.

Wie viele Kinder hast du?

Ich habe fünf Kinder.

WIE VIELE Kinder hast du?!

Du hast FÜNF Kinder?!

3 Lange und kurze Vokale unterscheiden

a Lesen Sie die Wörter laut. Ist der markierte Vokal lang oder kurz? Markieren Sie: lang = a̲ kurz = ạ.

1 M**ụ**tter
2 **O**nkel
3 Br**u**der
4 S**o**hn
5 T**o**chter
6 N**e**ffe
7 T**a**nte
8 Gr**o**ßmutter
9 Schw**ie**gervater
10 Schw**a**ger

langer Vokal

kurzer Vokal

b Hören Sie die Wörter und überprüfen Sie, ob Sie richtig markiert haben. 33

c Markieren Sie wie in 3a. Hören Sie dann und sprechen Sie nach. 34

1 **a**lt	V**a**ter	ein **a**lter V**a**ter
2 **e**hrlich	Schw**e**ster	eine **e**hrliche Schw**e**ster
3 l**ie**b	Schw**ie**gereltern	l**ie**be Schw**ie**gereltern
4 gr**o**ß	S**o**hn	ein gr**o**ßer S**o**hn
5 kl**u**g	M**u**tter	eine kl**u**ge M**u**tter
6 sch**ö**n	T**ö**chter	sch**ö**ne T**ö**chter
7 s**ü**ß	Br**ü**der	s**ü**ße Br**ü**der
8 **ä**ngstlich	Schw**ä**gerin	eine **ä**ngstliche Schw**ä**gerin

4 Verben mit Vokalwechsel

a Konjugieren Sie die Verben.

1 Der Bauarbeiter *trägt* (tragen) einen Schutzhelm.
2 Hassan …… (lesen) den Vertrag, bevor er ihn unterschreibt.
3 Der Chef …… (geben) dem Mitarbeiter den Vertrag.
4 …… (halten) der Bus am Vogelweg?
5 Karl …… (vergessen) oft seinen Schlüssel.
6 Die Sekretärin …… (lassen) den Chef das Arbeitszeugnis unterschreiben.
7 Türkan …… (fahren) jeden Tag mit dem Fahrrad zur Arbeit.
8 Der Pfleger …… (waschen) sich nach jedem Patientenkontakt die Hände.

35 **b** Hören Sie die Sätze und korrigieren Sie. Achten Sie besonders auf *a – ä, e – ie, e – i.*

36 **c** Hören Sie die Sätze noch einmal und sprechen Sie nach.

d Bilden Sie eigene Sätze mit den Verben aus 4a in der *er/sie/es*- und in der *ihr*-Form.

Sie liest ein Buch.

Ihr lest die Zeitung.

5 *e, i, ie* oder *ei*?

37 **a** Hören Sie und ergänzen Sie *e, i, ie* oder *ei*.

1 ……st das ……ne Vollz……t- oder ……ne T……lz……tst……lle?
2 W…… v……le M……tarb……ter hat d…… F……rma?
3 W…… lange dauert d…… Probez……t?
4 W…… hoch ……st d……r Verd……nst?
5 W……rden Überstunden bezahlt oder g……bt es ……nen Fr……z……tausgl……ch?
6 G……bt es Aufst……gschancen ……n d……r F……rma?
7 Arb……te ……ch all……n oder zusammen m……t anderen P……rsonen?
8 G……bt es Arb……tskl……dung oder Schutzkl……dung?

37 **b** Hören Sie noch einmal zur Kontrolle und lesen Sie dann laut.

6 Die Umlaute *ö* und *ü*

38 **a** Ergänzen Sie *konnte* oder *könnte*. Hören Sie dann zur Kontrolle.

1 Ich …… nicht kommen, weil mein Auto in der Werkstatt war.
2 Ich …… letzte Nacht gar nicht gut schlafen.
3 Ich …… dich morgen vertreten, wenn du möchtest.
4 Ich …… den Chef fragen.
5 Ich …… vor fünf Jahren kein Wort Deutsch sprechen.
6 Ich …… dir eine Kopie davon machen, wenn du willst.

39 **b** Hören Sie noch einmal und sprechen Sie nach.

c Schreiben Sie eigene Beispiele mit *konnte* und *könnte* und lesen Sie sie Ihrer Partnerin / Ihrem Partner vor. Sie / er schreibt, was sie / er hört. Vergleichen Sie am Ende Ihre Sätze.

d Hören Sie und ergänzen Sie *wurde* oder *würde*. 40

1 Ich .... gestern von der Personalabteilung angerufen.
2 Nein, darüber .... ich nicht informiert.
3 Ich .... im Juni gern eine Woche Urlaub nehmen.
4 Letzte Woche .... ich vom Betriebsarzt untersucht.
5 Ich .... heute gern eine Stunde früher Feierabend machen.
6 Ich .... gefragt, ob ich am Samstag arbeiten kann.

e Hören Sie die Sätze noch einmal und sprechen Sie nach. 41

7 Wortakzentmuster von Nomen

a Ergänzen Sie die Wörter zum Thema „Arbeitssuche" mit den Silben aus dem Kasten. Welche Silbe im Wort wird am lautesten und deutlichsten gesprochen? Markieren Sie den Wortakzent mit einem ●.

~~trag~~ | dienst | laub | bung | nis | fah | bil | beits | ter | wer | dung | beit | platz | halt | rung

1 Ver *trag* (●)	4 Ge	7 Ar	9 Er ....
2 Wei	5 Ver	8 Be	10 Ar ....
3 Ur	6 Zeug		

b Hören Sie die Wörter und sortieren Sie sie in die Tabelle in Ihr Heft. 42

● •	● • • (•)	• ●	• ● • (•)
		Vertrag	

c Trennen Sie die Wörter in Silben.

1 Ausbildung	*Aus-bil-dung*	6 Verkäuferin	....
2 Anschreiben	*An-schrei-ben*	7 Tagesmutter	....
3 Führerschein	....	8 Krankenschwester	....
4 Deutschkenntnisse	....	9 Müllwerker	....
5 Lebenslauf	....	10 Reinigungskraft	....

d Hören Sie die Wörter und sortieren Sie sie in die Tabelle in 7b. 43

e Sprechen Sie die Wörter und klatschen Sie die Silben mit. Klopfen Sie bei der Akzentsilbe auf den Tisch.

f Formulieren Sie mit jedem Wort aus 7c einen Satz.

Ich mache eine Ausbildung.

8 Wortakzentmuster von Verben

a Schreiben Sie das Akzentmuster der Verben wie im Beispiel.

1 schreiben	● •	6 bezahlen	....	11 fragen	....
2 abschreiben	● • •	7 mitnehmen	....	12 nachfragen	....
3 beschreiben	• ● •	8 zugeben	....	13 absagen	....
4 vereinbaren	....	9 entschuldigen	....	14 bestellen	....
5 erledigen	....	10 einkaufen	....	15 empfehlen	....

44 **b** Hören Sie die Verben zur Kontrolle.

c Welche Verben gehören zusammen zu einem Muster und warum? Ergänzen Sie die Regel.

> **REGEL**
>
> ....1............ Verben werden auf dem Präfix betont.
> ....2............ Verben werden auf dem Verbstamm betont.

d Formulieren Sie mit jedem Verb einen Satz.

Ich möchte an der Weiterbildung teilnehmen.

Ich habe einen Termin vereinbart.

9 Sprache entschlüsseln

45 **a** Hören Sie den Text und lesen Sie mit. Trennen Sie die Wörter durch Schrägstriche (/).

MEINEAUSBILDUNGIMEINZELHANDELHABEICHVOREINEMJAHR
ERFOLGREICHABGESCHLOSSENSEITDEMBINICHBEIEINEMGROẞEN
SUPERMARKTINDRESDENTÄTIGDORTARBEITEICHALSVERKÄUFERIN
MEINEHAUPTAUFGABEISTDIEBERATUNGVONKUNDENAUẞERDEM
BINICHZUSTÄNDIGFÜRDIEANNAHMEUNDDIEBESTELLUNGVON
WARENMEINEARBEITGEFÄLLTMIR,WEILICHGERNKUNDENKONTAKT
HABEGUTEDEUTSCHKENNTNISSESINDFÜRMEINETÄTIGKEITALS
VERKÄUFERINWICHTIGDESHALBBESUCHEICHWEITERDEUTSCHKURSE

45 **b** Hören Sie noch einmal und markieren Sie die Satzgrenzen mit einem Punkt (.).

c Schreiben Sie den Text richtig. Achten Sie auf die Groß- und Kleinschreibung.

d Lesen Sie den Text laut vor.
Achten Sie auf die Punkte am Satzende.

> **REGEL**
>
> Punkt = Pause und Melodie ↘

1 Als was arbeiten Sie? [1]

a Sehen Sie sich die Bilder an und sprechen Sie mit Ihrer Partnerin / Ihrem Partner.

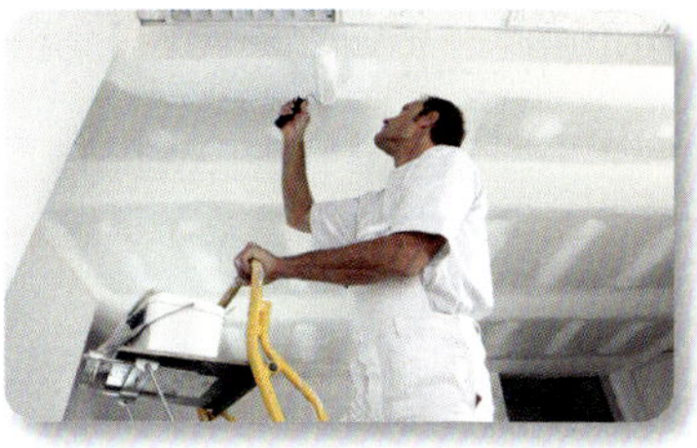

Der Mann arbeitet als Maler.

Die Frau …

Die beiden Männer …

Wir … zusammen im Kurs.

?

Als was … du?

Name? ....
Wohnort? ....
Herkunftsland? ....
Berufstätig? ....
Wünsche? ....

Ich …

b Hören Sie die vier Personen und schreiben Sie die Angaben dazu. 46

1
Name: Karl-Heinz ....
Beruf? ....
Wo arbeitet er? ....
Was noch? ....

2
Name: .... Ramirez
Arbeit? ....
Wo arbeitet er? ....
Was noch? ....

3
Name: .... Malone
Beruf? ....
Wo arbeitet sie? ....
Was noch? ....

4
Name: .... Rebmaier-Landsberg
Arbeit? ....
Wo arbeitet er? ....
Was noch? ....

2 Was machen Sie? [1]

Was passt zusammen? Ordnen Sie zu.

1 Computer	a pflegen	6 auf dem Bau	f bauen
2 mit Kunden	b produzieren	7 Häuser	g verkaufen
3 Maschinen	c unterrichten	8 Gäste	h helfen
4 Patienten	d Kontakt haben	9 in einem Geschäft Kleidung	i arbeiten
5 Schüler	e programmieren	10 Kindern beim Lernen	j bedienen

3 Wo arbeiten Sie? [2]

Stellen Sie die passenden Fragen zu den Antworten.

1 Wo .... ? Ich arbeite in einer Apotheke.

2 .... ? Meine Arbeit fängt um 9:00 Uhr an.

3 .... ? Die Firma Senftenberg hat 370 Mitarbeiter.

4 .... ? Frau Balewa kommt aus Nordafrika.

4 Ich arbeite, du arbeitest …

Ergänzen Sie die Tabelle mit den Endungen der verschiedenen Verben.

	arbeiten	heißen	helfen	sein	haben	möchten	wollen	können	müssen
ich	arbeit**e**	heiß**e**	helf	bin	hab	möcht**e**	will	k ...... nn	muss
du	arbeit	heiß	hilf**st**	bi	ha	möchte	w	kann**st**	muss ......
er / sie	arbeit	heiß**t**	h ...... lf**t**	...... **st**	hat	möcht**e**	w	ka	m ......
wir	arbeit**en**	heiß	h ...... lf**en**	s	hab	möcht**en**	woll	könn**en**	m ...... ss**en**
ihr	arbeit**et**	heiß	hel**ft**	seid	hab	möchte	w ...... ll**t**	k	müss**t**
sie / Sie	arbeit	heiß**en**	helf	sind	hab**en**	möchte	woll**en**	könn**en**	müss ......

5 Wer macht was?

Schreiben Sie die Sätze und ergänzen Sie das Subjekt und / oder das Verb in der richtigen Form.

1 Mein Bruder heißt Yassin; .... arbeit ...... als Gärtner.

2 Ich möcht ...... später in einer großen Firma arbeiten.

3 Yvonne k .... gut im Verkauf arbeiten; .... ist sehr freundlich.

4 Frau Hilbert, woll .... eine neue Ausbildung machen?

5 Meine Kollegen und ich, ... s .... ein gutes Team.

6 Hilfst .... mir bitte kurz beim Schreiben der E-Mail?

7 Maxim und Konrad, ihr mü .... bitte kurz zum Chef kommen.

8 Die Mitarbeiter der Firma Kolores arbeit ...... in mehreren Schichten.

6 Arbeitgeber in Deutschland

Zu welchen Bereichen gehören diese Arbeitgeber in Deutschland? Ordnen Sie zu.

a Hilfsorganisationen | **b** Öffentlicher Dienst | **c** Familienbetriebe | **d** Soziale Einrichtungen | **e** Lebensmittelindustrie | **f** Internationale Unternehmen | **g** Automobilhersteller | **h** Gesundheit

1 Siemens AG ☐
2 BAMF ☐
3 SAP AG ☐
4 Penny ☐
5 Rotes Kreuz ☐
6 Volkswagen AG ☐
7 Einwohnermeldeamt ☐
8 Bäckerei Fam. Safran ☐
9 EDEKA ☐
10 Daimler AG ☐
11 Die Charité ☐
12 Arbeiterwohlfahrt ☐
13 Kindergarten Zwergenland ☐
14 Robert Bosch GmbH ☐
15 St. Elisabeth Krankenhaus ☐
16 Forstamt Baden-Baden ☐
17 Malerbetrieb Kolores ☐

7 Wir müssen etwas besprechen.

Markieren Sie die nicht trennbaren Verben und formulieren Sie Fragen, Ihre Partnerin / Ihr Partner antwortet.

verstehen | zusammenbauen | unterhalten | bezahlen | erzählen | hineingehen | gehören | zerreißen | entscheiden | hinzufügen | anziehen | übersetzen* | abholen

** Das Verb „übersetzen“ kann zwei Bedeutungen haben. Finden Sie sie heraus.*

8 Eine Information aus dem Kindergarten

a Andres liest eine Information aus dem Kindergarten. Sind die Aussagen dazu richtig oder falsch? Kreuzen Sie an.

Unser Kindergarten befindet sich im Westen von Berlin im schönen Stadtteil Grunewald. Wir beschäftigen sechs Erzieherinnen für 25 Kinder. Um 6:30 Uhr machen wir auf, aber die meisten Kinder kommen gegen 7:30 Uhr an. Um 8:00 Uhr fangen wir mit dem Frühstück an. Dann müssen alle Kinder da sein. Wenn Ihr Kind nicht kommen kann, sagen Sie bitte bis 8 Uhr ab. Nach dem Frühstück helfen alle Kinder mit, waschen das Geschirr ab oder räumen den Raum auf. Danach gehen wir hinaus an die frische Luft. Nach dem Mittagessen legen sich alle Kinder eine Stunde lang hin und die Erzieher lesen etwas vor. Oft bringen die Kinder ein Buch von zu Hause mit. Ab 14:00 Uhr gehen die ersten Kinder heim, andere Eltern holen die Kinder erst gegen 17:00 Uhr ab. Unser Kindergarten schließt um 17:30 Uhr. Gerne senden wir Ihnen unsere Informationen zu. Oder kommen Sie einfach vorbei und schauen Sie sich unseren Kindergarten an. Wir laden Sie gerne zu einem Gespräch ein.

		✓	✗
1	Alle Kinder müssen um 7:30 Uhr im Kindergarten sein.	☐	☐
2	Die Kinder sollen ihre Bücher von zu Hause mitbringen.	☐	☐
3	Der Kindergarten ist bis 17:30 Uhr geöffnet.	☐	☐

b Schreiben Sie die trennbaren Verben aus dem Text auf.

....

....

....

9 Wir fangen um 8 Uhr an.

a Hören Sie die Aussagen und schreiben Sie die trennbaren Verben auf. 47

1 .... 3 .... 5 ....

2 .... 4 .... 6 ....

b Schreiben Sie Sätze mit den folgenden trennbaren Verben.

1 anrufen — Bitte *ruf mich an* !

2 aussteigen — Wann .... ?

3 einstellen — Die Firma Edeka ....

4 herkommen — Wo .... ?

5 hinsetzen — Möchten Sie .... ?

6 vorstellen — Ich ....

10 Ein Tag mit Herrn Fröhlich 4

Schreiben Sie die Sätze in der richtigen Reihenfolge. Achten Sie dabei auch auf die trennbaren Verben.

1 Herr Fröhlich ....
anfangen | jeden Morgen | um 9 Uhr

2 Er ....
anschalten | und | seinen Computer | sein E-Mail-Programm | öffnen

3 Dann ....
in der Küche | sich einen Kaffee | eingießen | er

4 Bis zum Mittag ....
beantworten | und | seine E-Mails | mit Kunden | telefonieren | er

5 Um Punkt 13:00 Uhr ....
in die Kantine | er | hinuntergehen | essen | und

6 Am Nachmittag ....
er | abheften | Unterlagen

7 Er ....
lesen | und | im Internet | beim Betriebssport | mitmachen

8 Um 17:00 Uhr ....
den Computer | ausschalten | und | nach Hause | gehen | er

11 Mein Tag 4

Sprechen Sie mit Ihrer Partnerin / Ihrem Partner. Stellen Sie abwechselnd Fragen und geben Sie die Antworten.

▶ Wann stehst du morgens auf?

▷ Wie kommst du zum Deutschkurs?

▶ Um wieviel Uhr bist du wieder zu Hause.

▷ Wo isst du mittags Mittagessen?

▶ Was machst du am Abend?

▷ Geht deine Frau / dein Mann arbeiten?

▶ ...

12 Arbeitgeber in Deutschland 5

a Finden Sie die sechs Modalverben in der Wortschlange.

ojyäadürfenölkjkönnenwoulawollenhohchamüssenoynoacsollenoahvaömöchten

b Welches Wort ist richtig? Streichen Sie die falschen Wörter durch.

1 In Deutschland *wollen* | *sollen* | *mögen* immer mehr jungen Menschen studieren.
2 Sie *dürfen* | *müssen* | *möchten* danach einen guten Job bei einer internationalen Firma finden.
3 Wer kein Abitur hat, *will* | *darf* | *soll* nicht studieren.
4 Man *kann* | *möchte* | *soll* aber eine Ausbildung machen, zum Beispiel im technischen Bereich.
5 In vielen Berufen *darf* | *möchte* | *muss* man auch Englisch sprechen.
6 Jungen Menschen *wollen* | *sollen* | *dürfen* sich genau informieren, welcher Job der richtige ist.

13 Wie lauten die Regeln im Unterricht? 5

Sprechen Sie.

Im Unterricht dürfen wir nicht ...

Wir wollen aber ...

Man kann ...

Der Lehrer sagt, wir sollen ...

Wir müssen auch ...

Wir möchten am Ende des Kurses ...

14 Andres schreibt eine E- Mail an den Kindergarten. 6

a Setzen Sie die Modalverben in der richtigen Form ein.

dürfen | können | können | möchten | müssen | sollen | wollen | wollen

Liebes Team vom Kindergarten Zwergenland,

Tobias ...1... morgen früh nicht in den Kindergarten kommen. Wir ...2... zum Zahnarzt gehen. Er ...3... aber unbedingt danach kommen, denn er ...4... am Nachmittag gerne beim Kuchenbacken helfen. ...5... ich Tobias gegen 11:00 Uhr in den Kindergarten bringen? ...6... wir für den Kuchen etwas mitbringen, Mehl, Eier oder vielleicht eine Schürze? Tobias ...7... auch seiner Oma etwas vom Kuchen mitbringen. ...8... er das?

Vielen Dank!
Andres Zambrano

b Schreiben Sie eine kurze Antwort für den Kindergarten.

- Kuchen backen und um 11 bringen okay
- nichts mitbringen
- Kuchen mit nach Hause nehmen, wenn ein Stück übrig ist

Lieber Herr Zambrano,

vielen Dank für Ihre Nachricht.

15 Schule, Ausbildung und Beruf 8

a Ergänzen Sie die bestimmten Artikel.

1 .... Grundschule
2 .... Gymnasium
3 .... Gesamtschule
4 .... Schulabschluss
5 .... Abitur
6 .... Ausbildung
7 .... Studium
8 .... Universität
9 .... Beruf

b Entscheiden Sie, ob der bestimmte, der unbestimmte oder kein Artikel steht.

1 .... Grundschule dauert in Deutschland 4 oder 6 Jahre.
2 Danach gehen alle Kinder auf .... weiterführende Schule.
3 .... Gymnasium dauert am längsten; der Abschluss dort heißt .... Abitur.
4 .... Berufsausbildung kann jeder Mensch nach der Schule machen.
5 .... Studium kann nur machen, wer .... Abitur hat.
6 Wer .... Zahnarzt werden will, muss studiert haben.
7 .... Zahnarzthelfer kann man mit einer Ausbildung werden.
8 In Deutschland gibt es .... staatliche und .... private Universitäten.

c Kennen Sie Artikelregeln? Wenn ja, welche? Schreiben Sie sie auf.

....

....

16 Hier gibt es nichts. 8

Beantworten Sie die Fragen. Achten Sie auf die richtige Verwendung von *kein* und *nicht*.

1 Haben Sie eine Ausbildung in Ihrem Land gemacht?
Nein, ich ....

2 Kann man in Ihrer Heimatstadt studieren?
Nein, ...

3 Haben Sie in der Grundschule eine Fremdsprache gelernt?
Nein, ...

4 Können Sie schnell am Computer schreiben?
Nein, ...

5 Gibt es in Ihrem Land viele internationale Firmen?
Nein, ...

6 Kennen Sie eine Firma, die Uhren herstellt?
Nein, ...

17 Eine Statistik zum Kindergarten Zwergenland

Hören Sie die Aussagen und entscheiden Sie, ob die Aussage passt oder nicht. Kreuzen Sie an. 48

		✓	✗
1	Vor dem Kindergarten Zwergenland gab es schon einen anderen in Seehausen.	☐	☐
2	Ein Drittel der Kinder wohnt nicht in Seehausen.	☐	☐
3	Etwas über 50 Prozent der Kinder sind Jungen.	☐	☐
4	Die Gruppe der Kinder zwischen vier und fünf Jahren ist die kleinste Gruppe.	☐	☐
5	50 Prozent der Erzieher sind keine Deutschen.	☐	☐
6	Über die Hälfte der Kinder sind Ausländer.	☐	☐
7	Die meisten der Erzieher haben den Beruf in Deutschland gelernt.	☐	☐

18 Wie ist das hier im Kurs?

a Finden Sie Beispiele für die Mengenangaben aus Ihrem Kurs und schreiben Sie Sätze.

50 Prozent der Teilnehmer ……………… .

Fast alle ……………… .

Mehr als ……………… .

Die wenigsten ……………… .

Circa drei Viertel ……………… .

Die meisten ……………… .

b Ergänzen Sie die Tabelle.

1	erste	als erstes	—	—
2	zweite	als ……	—	—
3	……	als ……	ein Drittel	—
4	vierte	als viertes	ein ……	—
10	……	……	ein Zehntel	wenige Menschen
25	……	……	ein ……	ein Viertel aller Menschen
50	……	……	die ……	die ……
75	……	……	drei ……	viele Menschen
98	……	……	—	fast …… Menschen
100	……	……	……	…… Menschen

19 Weniger junge Menschen machen eine Ausbildung.

a Sehen Sie sich die Tabelle an und wählen Sie das richtige Wort in den Sätzen 1–8. Streichen Sie das falsche Wort durch.

	Auszubildende	**Studenten**
1993	580.000	300.000
1997	600.000	280.000
2001	550.000	350.000
2005	570.000	380.000
2009	550.000	450.000
2013	530.000	520.000
2017	510.000	510.000

1 Im Jahr 1993 machen viel *weniger* | *mehr* Menschen ein Studium als eine Ausbildung.
2 Es gibt 580.000 Auszubildende und *nur* | *schon* 300.000 Studenten.
3 Das ist fast *ein Viertel* | *die Hälfte*.
4 1997 sind es etwas *weniger* | *mehr* Auszubildende und etwas *weniger* | *mehr* Studenten.
5 Dann wird die Zahl der Menschen, die eine Ausbildung machen, *höher* | *niedriger*.
6 Die Zahl der Studenten wird *höher* | *niedriger*.
7 2013 gibt es *fast genauso viele* | *viel mehr* Auszubildende wie Studenten, nämlich ungefähr 520.000
8 Im Jahr 2017 ist die Zahl der Auszubildenden und der Studenten *genau gleich* | *ganz anders*.

b Wie heißt die Präposition, *als* oder *wie*?

1 mehr ....
2 weniger ....
3 genauso viele ....
4 höher ....
5 niedriger ....
6 so hoch ....

c Sprechen Sie im Kurs und vergleichen Sie Deutschland und Ihr Land. Was ist höher, niedriger, mehr, weniger oder gleich?

- Die Kosten für eine Wohnung oder Haus
- ?
- Der Preis für ein Kilo Tomaten
- Die Zahl der Autofahrer / -innen
- Haltungskosten für ein Auto
- Die Anzahl der Menschen ohne Arbeit
- Die Zahl der Feiertage und Feste
- Die Kosten für Kindergarten und Schule

Lernwortschatz

Arbeitgeber und Branchen

Sammeln Sie weitere Branchen und Arbeitgeber.

der / die Arbeitgeber / -in ....
der / die Architekt / -in ....
der / die Automechaniker / -in ....
der Autoproduzent ....
die Beratung ....
die Betreuung ....
die Branche ....
der Betrieb ....
der Familienbetrieb ....
die Hilfsorganisation ....
das internationale Unternehmen ....
die Lebensmittelbranche ....
der Malerbetrieb ....
der soziale Bereich ....
beschäftigen ....
produzieren ....
geistig ....
handwerklich ....
sozial ....

Ausbildung und Studium

Ergänzen Sie die Artikel.

.... Grundschule ....
.... weiterführende Schule ....
.... Hauptschule ....
.... Mittelschule ....
.... Realschule ....
.... Gesamtschule ....
.... Gymnasium ....
.... Haupt- / Realschulabschluss ....
.... Abitur ....
.... Mittlere Reife ....
.... Berufsausbildung ....
.... Berufsabschluss ....
.... Bachelor ....
.... Master ....
.... Zertifikat ....

Statistiken

mehr / weniger als ....
(fast) alle ....
die Hälfte ....
ein Viertel ....
ein Drittel ....
jeder Zehnte ....

1 Das Bildungssystem in Deutschland kennenlernen

Lesen Sie den Text. Welche Aussagen sind richtig, welche sind falsch? Kreuzen Sie an.

Ausbildung oder Beruf?

Die Entscheidung ist nicht immer einfach, denn beides hat Vor- und Nachteile.
Du arbeitest gerne praktisch und willst zeigen, was du kannst? Du willst schnell Berufserfahrung haben und Verantwortung übernehmen? Dann ist eine Ausbildung das Richtige für dich. Außerdem verdienst du dabei Geld, das ist für viele junge Menschen natürlich ein wichtiger Punkt. Für eine Ausbildung reicht oft, aber nicht immer, ein mittlerer Schulabschluss an der Haupt- oder Realschule.
Wenn du dich aber sehr für ein bestimmtes wissenschaftliches Thema interessierst und später in einer höheren Position arbeiten willst, ist ein Studium das Richtige. Hierfür brauchst du Disziplin und musst dich gut organisieren können. Und natürlich musst du für ein Studium das Abitur haben.
Man kann Studium und Ausbildung auch kombinieren mit einem sogenannten „Dualen Studium". In diesem Fall studierst du an der Universität oder einer Fachhochschule und arbeitest schon in einer Firma in dem Bereich, den du studierst. Für ein Duales Studium brauchst du aber ein Abitur mit sehr guten Noten. Mehr Informationen gibt es im Berufsinformationszentrum in deiner Nähe.

		✓	✗
1	Bei einer Ausbildung sammelt man sofort Berufserfahrung.	☐	☐
2	Für eine Ausbildung braucht man nie das Abitur.	☐	☐
3	Mit einem Studium hat man bessere Karrierechancen.	☐	☐
4	Ohne Abitur kann man nicht studieren.	☐	☐
5	Im Dualen Studium kann man in einem Job arbeiten und studieren.	☐	☐

2 Berufe vorstellen

49

Andres Zambrano ruft im Berufsinformationszentrum an und macht sich bei dem Gespräch Notizen.
Hören Sie das Gespräch und ergänzen Sie den Notizzettel.

Termin: ....
mitbringen
- Zeugnis über ....
- Nachweis zu ....
- ....

Gespräch mit ....
Zimmer ....

3 Berufserfahrungen darstellen

Schreiben Sie einem Freund, welchen Schulabschluss Sie haben, ob Sie Berufserfahrung haben, und fragen Sie ihn nach Tipps für einen Beruf in Deutschland.

....
....
....
....
....

1 Beruf Friseur

a Welches Verb passt? Kreuzen Sie an.

1	Haare	☐ schneiden	☐ zupfen
2	Bart	☐ schminken	☐ rasieren
3	Haare	☐ schminken	☐ färben
4	Dauerwelle	☐ rasieren	☐ machen
5	Haare	☐ kämmen	☐ kehren
6	Augenbrauen	☐ zupfen	☐ fertigen

b Schreiben Sie Sätze mit *damit*.

1 Olga | zum Deutschkurs | gehen | Deutsch | lernen

2 Alexa | eine Fortbildung | machen | bessere Berufschancen | haben

3 Jussuf | seinen Berufsabschluss anerkennen | lassen | in Deutschland | arbeiten können

4 Annabella | ein Praktikum | machen | sich auf ihre Ausbildung | vorbereiten | können

5 Omar | zur Berufsberatung | gehen | den richtigen Ausbildungsplatz | finden

c Warum machen Sie etwas? Schreiben Sie 5 Sätze mit *damit*.

1 *Ich lerne Deutsch, damit ich in Deutschland eine Arbeit finde.*

2

3

4

5

d Stellen Sie die Sätze um.

1 Ich setze die Brille auf, damit ich besser lesen kann.

Damit ich besser lesen kann, setze ich die Brille auf.

2 Marion macht Sport, damit sie fit bleibt.

3 Anna fährt in Urlaub, damit sie sich erholen kann.

4 Herr Salem fährt mit dem Fahrrad, damit er die Umwelt schont und Geld spart.

2 Informationen erfragen 2

a Welches Fragewort ist richtig? Markieren Sie das richtige Fragewort und streichen Sie das falsche durch.

1 Wo | Wer kann ich einen Ausbildungsplatz finden?
2 Wo | Wann beginnt Saras Ausbildung als Zahnarzthelferin?
3 Wie | Wer kann mich bei der Anerkennung meines Berufs beraten?
4 Welche | Was Deutschkenntnisse braucht man, um eine Ausbildung zu machen?
5 Wie | Wann kann das Jobcenter oder das BIZ mir bei der Suche nach einem Ausbildungsplatz helfen?

b Welche Fragen haben Sie zu Ihrer beruflichen Zukunft? Formulieren Sie 5 indirekte Fragen.

1 ....
2 ....
3 ....
4 ....
5 ....

3 Das bringe ich für meinen Beruf mit. 3

a Im Beratungsgespräch. Ordnen Sie den Fragen eine Antwort zu.

1 In welchem Beruf haben Sie gearbeitet?	a Ich habe einen Integrationskurs absolviert.
2 Haben Sie eine Ausbildung gemacht?	b Ich bin 2017 nach München gekommen.
3 Wie viele Jahre sind Sie zur Schule gegangen?	c Ich habe 5 Jahre als Tankwart gearbeitet.
4 Was haben Sie die letzten 2 Jahre gemacht?	d Ich habe 10 Jahre die Schule besucht.
5 Wann sind Sie nach Deutschland gekommen?	e Ich habe Automechaniker gelernt.

50 **b** Hören Sie die Dialoge. Welchen Beruf haben die Personen in ihrem Land gelernt und in welchem Beruf arbeiten sie heute oder möchten sie arbeiten? Schreiben Sie den Beruf auf.

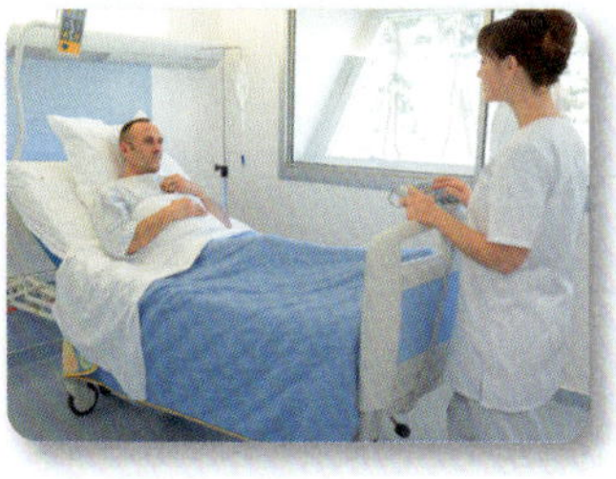

	1 Mohammed Hussi	2 Eliana Bartović	3 Deniz Sulaiman
früher	....	....	....
heute	....	....	....

c Was haben Sie beruflich gemacht? Beantworten Sie die Fragen aus 3a. Spielen Sie einen Dialog mit Ihrer Partnerin / Ihrem Partner.

4 Soft Skills und Kompetenzen

a Welche Soft Skills sind gemeint? Ordnen Sie zu.

1 Flexibel sein bedeutet,
2 Teamfähig sein bedeutet,
3 Hilfsbereit sein bedeutet,
4 Belastbar sein bedeutet,
5 Kontaktfreudig sein bedeutet,
6 Eigeninitiativ sein bedeutet,
7 Emphatisch sein bedeutet,
8 Zuverlässig sein bedeutet,
9 Kritikfähig sein bedeutet,
10 Konfliktfähig sein bedeutet,

- ☐ a man kann mit Stress oder schwierigen Situationen umgehen.
- ☐ b man arbeitet sehr genau und der Chef und die Kollegen können sich auf den Mitarbeiter verlassen.
- ☐ c man handelt selbstständig und denkt mit.
- ☐ d man kann mit anderen in einer Gruppe zusammenarbeiten.
- ☐ e man akzeptiert, wenn man einen Fehler gemacht hat und lernt daraus.
- ☐ f man kann sich in andere Menschen einfühlen.
- ☐ g man reagiert schnell auf neue Situationen und Aufgaben.
- ☐ h man reagiert in Konfliktsituationen ruhig und besonnen.
- ☐ i man ist kommunikativ und geht auf Menschen zu.
- ☐ j man hilft seinen Kollegen gerne.

b Was bedeuten diese Eigenschaften? Schreiben Sie eine Definition.

1 verantwortungsbewusst ……………
2 mobil ……………
3 pünktlich ……………
4 konzentrationsfähig ……………
5 lernbereit ……………

5 Vergleiche

a Ergänzen Sie die richtige Form.

genauso … wie | …-er als | am …-sten

1 Sandra ist …… flexibel …… Anna.
2 Moussa ist wenig …… geduldig …… Deniz.
3 Youssuf ist …… pünktlich …… im ganzen Kurs.
4 Amira ist lernbereit …… …… Elif.
5 Katharina ist jetzt viel kontaktfreudig …… …… vor zwei Jahren.
6 Tomasz ist …… zuverlässig …… Chrisztoph.
7 Annabella ist …… kritikfähig …… ihre Schwester Mira.

b Schreiben Sie über Ihre Lernpartner im Kurs fünf Vergleiche in Ihr Heft.

6 Lebenslanges Lernen 5

Lesen Sie Janas Bericht und setzen Sie die passenden Wörter ein.

Praktikum | Ausbildung | Weiterbildung | Kinderbetreuung | Au-pair | Studium

Ich verbrachte nach meinem Schulabschluss ein Jahr in den USA als .... 1 .... Dort half ich in einer Familie bei der .... 2 .... Als ich aus den USA zurückkam, machte ich ein viermonatiges .... 3 .... in einem Kindergarten. Danach absolvierte ich eine .... 4 .... als Erzieherin. Nachdem ich mehrere Jahre als Erzieherin gearbeitet hatte, begann ich ein .... 5 .... als Grundschullehrerin. Nach weiteren 10 Jahren machte ich eine .... 6 .... in Deutsch als Fremdsprache. Heute arbeite ich als Lehrerin in Integrationskursen und qualifiziere mich ständig weiter, z. B. für die verschiedenen Deutschprüfungen.

7 Ich möchte wissen, ob ... 5

Schreiben Sie die direkten Fragen als indirekte Fragen.

1 Wird die Weiterbildung vom Jobcenter finanziert?

....

2 Findet die nächste Jobmesse in Köln statt? Weißt du das?

....

3 Wird mein Berufsabschluss in Deutschland anerkannt?

....

4 Habe ich in diesem Beruf Karrierechancen? Das interessiert mich.

....

8 Erfahren Sie mehr durch den Berufsberater. 6

a Setzen Sie die richtige Präposition ein.

bei | ohne | von | in | seit | durch | für | zur

1 .... einem Jahr arbeite ich schon bei der Hunnen GmbH.
2 .... manchen Berufen bekommt man irgendwann gesundheitliche Probleme.
3 Am Dienstag habe ich einen Termin .... meinem Berufsberater.
4 Ich könnte .... meine Arbeit nicht leben.
5 Silvia hat .... den Arbeitsstress Schlafprobleme bekommen.
6 Manche Leute fahren morgens nicht gern .... Arbeit.
7 Ich qualifiziere mich gerade .... einen neuen Beruf.
8 .... der Jobmesse hatte ich mir mehr Kontakte versprochen.

b Ordnen Sie die Überschriften den Infotexten über das BIZ zu.

Was finde ich im BIZ? | Was bietet das BIZ an? | Was ist das BIZ?

1 ....

! INFO Alle Agenturen für Arbeit haben ein BIZ (Berufsinformationszentrum). Dort kann man sich kostenlos über die gängigen Berufe informieren z. B. über die Aufgaben in einem bestimmten Beruf. Auch gibt es dort Informationen zur Ausbildung anerkannter Berufe und Informationen rund um das Thema Bewerbung.

2 ....

! INFO Besucher können sich dort in Informationsmappen, Fachzeitschriften und Informationsvideos über die einzelnen Berufsfelder informieren. Weiterhin gibt es Internetarbeitsplätze und Computer mit Farbdruckern, wo Besucher sich über die Arbeitssituation informieren können und ihre Bewerbungen schreiben können.

3 ....

! INFO Wenn man sich individuell zu einer Ausbildung, Fort- und Weiterbildung oder einer Umschulung beraten lassen möchte, kann man auch ein Beratungsgespräch vereinbaren. Auch kann man an Veranstaltungen und Vorträgen zu verschiedenen beruflichen Themen teilnehmen.

c Wo kann man welche Informationen erfragen? Ordnen Sie zu. Es gibt manchmal mehrere Möglichkeiten.

Jobmesse | **BIZ** | **Jobcenter**

1 sich über Jobmöglichkeiten beraten lassen ....
2 sich über Berufsbilder informieren ....
3 einen Termin für ein Beratungsgespräch vereinbaren ....
4 sich über Arbeitsmöglichkeiten informieren ....
5 Firmen aus der Region persönlich kennenlernen ....
6 Firmen und deren Ausbildungsangebote persönlich kennenlernen ....

d Waren Sie schon einmal auf einer Jobmesse oder im Berufsinformationszentrum? Sprechen Sie mit Ihrer Partnerin / Ihrem Partner.

Ich war noch nie auf einer Jobmesse, weil ...

Als ich im Berufsinformationszentrum war, habe ich ...

Warst du schon einmal auf einer Jobmesse?

9 Berufliche Anerkennung 7

51 Lesen Sie den Dialog und setzen Sie die Verben ein. Hören Sie dann zur Kontrolle.

anerkennen | erzählen | sagen | machen | empfehlen | brauchen | helfen | gehen | übersetzen | nennen | kennen | prüfen | beantragen | erklären | finden | vereinbaren

▶ Hallo Hannife, wie ___1___ es dir?

▷ Hi Hatice, mir geht es gut. Ich hatte gerade einen Termin beim Jobcenter. Der Berufsberater ___2___ mir, dass ich meinen Berufsabschluss anerkennen lasse.

▶ Hat er dir ___3___, warum du das machen sollst?

▷ Ja, er hat mir ___4___, dass ich dann bessere Chancen auf dem Arbeitsmarkt habe und schneller und vor allem qualifizierte Arbeit ___5___.

▶ Und was musst du jetzt ___6___?

▷ Ich soll einen Termin mit einer Beratungsstelle für berufliche Anerkennung ___7___. Die Berater dort ___8___ mir dann mit der Antragstellung. Sie ___9___ das Anerkennungsverfahren und ___10___ mir auch den richtigen Ansprechpartner für meinen Beruf.

▶ Hast du denn schon alle Zeugnisse ___11___ lassen?

▷ Nein, noch nicht. Ich denke, die Beratungsstelle, kann mir einen Übersetzer ___12___, der auch dafür berechtigt ist.

▶ Bis alle Dokumente ___13___ sind und dein Beruf ___14___ ist, dauert das bestimmt sehr lange, oder?

▷ Ja, man ___15___ da etwas Zeit und auch Geld, aber ich ___16___ auch eine finanzielle Hilfe.

10 Elianas Bericht 8

a Lesen Sie Elianas Ausschnitt des ausführlichen Lebenslaufs und markieren Sie alle Verben im Präteritum.

Ich wurde am 9. Juni 1985 in Bosnien geboren und ging dort zur Schule. Nach meinem Schulabschluss 2005 lernte ich den Beruf der Krankenschwester im örtlichen Krankenhaus *Bosanes*. Die Ausbildung machte mir großen Spaß. Schon als Kind wollte ich einen medizinischen Beruf lernen. Nach der Ausbildung arbeitete ich zunächst im selben Krankenhaus. Später wechselte ich ins Krankenhaus *Eurofarm* und spezialisierte mich auf die Pflege von älteren Menschen. Dort übernahm ich oft den Nachtdienst. 2015 kam ich nach Deutschland. Leider fand ich aufgrund meiner schlechten Deutschkenntnisse keine Arbeit in meinem Beruf. Deshalb besuchte ich zuerst einen Deutschkurs. Danach versuchte ich meinen Berufsabschluss anerkennen zu lassen. In der Zwischenzeit absolvierte ich einen Kurs als Altenpflegehelferin. Seit nun einem Jahr arbeite ich in einem Seniorenheim.

GUT ZU WISSEN

Neben tabellarischen Lebensläufen muss man manchmal auch ausführliche Lebensläufe für Arbeitsstellen schreiben. Ausführliche Lebensläufe sind Fließtexte über persönliche Daten, berufliche Erfahrungen sowie Qualifikationen und Zertifikate.

b Schreiben Sie die Zeitformen der Verben aus 10a in die Tabelle.

Infinitiv	Präteritum	Perfekt
gehen	*ging*	*bin … gegangen*

c Und Ihr beruflicher Weg? Schreiben Sie über sich. Verwenden Sie Präteritum und Perfekt.
Die Redemittel helfen Ihnen.

Ich wurde …
Im Jahre … lernte ich …
Außerdem habe ich … besucht.
Dort übernahm ich …

d Welche Vergangenheitsformen gibt es in Ihrer Sprache und wie bildet man sie? Sprechen Sie im Kurs und präsentieren Sie Ihre Ergebnisse.

In meiner Sprache gibt es …

Diese Zeitform benutzt man nur, wenn …

11 Wunschberufe 8

52 **a** Welche Wunschberufe haben die Personen? Hören Sie und notieren Sie.

1

Hanna

2

Noah

3

Maria

b Beantworten Sie die Fragen zu Ihrem Wunschberuf mit Ihrer Partnerin / Ihrem Partner.

1 Wo arbeitet man in diesem Beruf?
2 Wie lange dauert die Ausbildung?
3 Welches Sprachniveau brauche ich für den Beruf?
4 Hat man in diesem Beruf gute Arbeitschancen?
5 Was verdient man in diesem Beruf?

12 Ich brauche eine Beratung. 9

Lesen Sie Ludmillas E-Mail und antworten Sie ihr. Was kann Ludmilla tun? Geben Sie ihr Tipps.

Von: lu.pince@net.de
An: du@freenat.com

Liebe / r ......,
jetzt ist mein Deutschkurs zu Ende und ich weiß gar nicht, was ich machen soll.
In meinem Heimatland habe ich als Bäckerin gearbeitet. Ich hatte viele Jahre meine eigene kleine Bäckerei. Der Job hat mir Spaß gemacht, aber ich bin mir nicht sicher, ob ich wieder als Bäckerin arbeiten möchte. Ich habe mich beim Jobcenter erkundigt, wie die Arbeitschancen sind, und sie haben mir gesagt, dass ich eine Ausbildung als Bäckerin machen müsste, da ich keinen Berufsabschluss habe. Eine andere Möglichkeit wäre, dass ich als Bäckereifachverkäuferin arbeite. Ich glaube aber, dass mir der Beruf als Verkäuferin keinen Spaß macht.
Weißt du, was ich machen kann und wer mich beraten könnte?

Liebe Grüße
Ludmilla

Lernwortschatz

Beruf und Ausbildung

Schreiben Sie Beispielsätze.

der / die Ansprechpartner / -in ....
die Beratungsstelle ....
das Berufspraktikum ....
die duale Ausbildung ....
die Fachschule ....
die Fortbildung ....
die Meisterprüfung ....
der Schichtdienst ....
die staatliche Ausbildung ....
die Weiterbildung ....
der Wunschberuf ....
die Zugangsvoraussetzungen ....
einen Beruf ausüben ....
den Berufsabschluss anerkennen lassen ....
finanzielle Unterstützung (vom Staat) beantragen ....
jobben ....
Pflicht sein ....
in der Verwaltung arbeiten ....
sich selbstständig machen ....
zuständig sein ....

Soft Skills und Eigenschaften

Welche Eigenschaften treffen auf Sie zu?

die Schwäche ....
die Stärke ....
belastbar ....
eigeninitiativ ....
flexibel ....
hilfsbereit ....
kreativ ....
lernbereit ....
(un-)organisiert ....
selbstbewusst ....
teamfähig ....
tolerant ....
verantwortungsbewusst ....

Dokumente und Papiere

Ergänzen Sie die Artikel.

.... Anerkennung ....
.... Antrag ....
.... Berufsabschluss ....
.... Lebenslauf ....
.... Unterlagen ....
.... Zeugnis ....
.... Zulassung ....

1 Ausbildungsangebote verstehen

Lesen Sie das Umschulungsangebot und kreuzen Sie die richtigen Aussagen an.

Qualifizierte Altenpflegehelferin

Sie möchten sich beruflich neu orientieren und suchen einen verantwortungsvollen Beruf? In nur zwölf Monaten können Sie in unserer Akademie den Beruf der Altenpflegehelferin erlernen. Die Fortbildung richtet sich an Teilnehmer, die sich beruflich umorientieren wollen. Eine Ausbildung im Pflegebereich ist nicht zwingend notwendig. Die Schulung findet von Montag bis Freitag jeweils von 8.00 bis 17.30 Uhr statt. Dabei erlernen Sie den theoretischen Teil, wie Pflegedokumentation in Schulungseinheiten sowie den praktischen Teil der angewandten Pflege in einem Seniorenheim. Die qualifizierte Ausbildung wird vom Jobcenter finanziell gefördert. Gerne stehen wir Ihnen für Auskünfte zur Verfügung.

Pflegeakademie Willich
Frau Regina Herbst
Moltkestr. 30
50063 Köln
info@pflegewillich.de

a ☐ Der theoretische Teil der Ausbildung dauert zwölf Monate.
b ☐ Die Fortbildung richtet sich nur an Menschen mit Berufserfahrung in Pflegeberufen.
c ☐ Die Teilnehmer brauchen kein Vorwissen.
d ☐ Die Teilnehmer brauchen die Ausbildung nicht selbst zu bezahlen.

☺ 😐 ☹
☐ ☐ ☐

2 Mündliche Kommunikation mit der Berufsberatung

53 Hören Sie das Gespräch zwischen Annabella und Frau Herbst und ergänzen Sie die Aussagen.

a Annabella bekommt am Ende der Ausbildung ein ....
b Die Teilnehmer müssen eine .... machen, die aus zwei Teilen besteht.
c In der Schulung lernen die Teilnehmer zuerst ....
d Das Qualifizierungsangebot wird vom .... gefördert.

☺ 😐 ☹
☐ ☐ ☐

3 Schriftliche Kommunikation mit der Berufsberatung

Schreiben Sie Frau Herbst eine E-Mail. Schreiben Sie ihr, wer Sie sind und dass Sie sich für das Qualifizierungsangebot interessieren. Berichten Sie ihr, was Sie bisher gemacht haben, und bitten Sie sie um einen Beratungstermin.

....
....
....
....
....
....
....

☺ 😐 ☹
☐ ☐ ☐

1 Jobs und Informationsquellen

a Lesen Sie drei Berichte, wie Menschen ihre Jobs gefunden haben. Was passt? Ergänzen Sie.

Jobangebot | Schicht | Gefahr | Rettungsschwimmer | Regeln | Job

In den letzten Semesterferien hatte ich einen richtig guten …… 1 …… . Ich war …… 2 …… im Freibad. Badeaufsicht sagt man auch dazu. Das …… 3 …… hatte ich im Schwimmbad gesehen und dann habe ich einfach an der Kasse gefragt. Klar, es war schon Arbeit, ich musste immer wieder Kinder ermahnen, dass sie die …… 4 …… einhalten, und ich musste sehr genau gucken, dass niemand in …… 5 …… ist. Aber es hat auch Spaß gemacht, ich mag einfach die Atmosphäre im Freibad. Und nach oder vor meiner …… 6 …… bin ich immer selbst schwimmen gegangen.

beworben | werbung | bekommen | Möbelhaus | Halbtagsjob | Verkäufer

Ich habe meinen Job über eine Radio…… 7 …… gefunden. Ich höre morgens in der Küche immer Radio und da habe ich gehört, dass ein …… 8 …… in der Nähe …… 9 …… sucht. Ich habe mich dort …… 10 …… und den Job sehr schnell …… 11 ……! Einen …… 12 ……, genau, wie ich es wollte.

Technik | Arbeitsmarkt | Podcast | Elektroniker | Ausbildung | Beruf

Ich bin durch einen …… 13 …… auf meinen …… 14 …… aufmerksam geworden. Das war ein Berufsinfo-Podcast, wo oft interessante Berufe vorgestellt werden. Ich habe einen Ausbildungsberuf gesucht, der mit …… 15 …… zu tun hat und auf dem …… 16 …… wirklich gefragt ist. Und genau so einen Beruf habe ich dadurch gefunden. Jetzt bin ich im zweiten Jahr meiner …… 17 …… zum …… 18 …… für Energie- und Gebäudetechnik. Ich bin sehr zufrieden.

b Was glauben Sie, wie kommt man am besten zu einem Beruf? Wie haben Sie schon Jobs gefunden? Was haben Sie von anderen gehört? Schreiben Sie einen Text in Ihr Heft.

2 Welche Berufe gefallen dir?

a Ergänzen Sie die Endungen.

	maskulin	**neutrum**	**feminin**	**Plural**
Nom.	der neu*e* Job ein neu*er* Job	das gut…… Angebot ein gut…… Angebot	die technisch…… Ausbildung eine technisch…… Ausbildung	die neu…… Berufe neu*e* Berufe
Akk.	den neu…… Job einen neu…… Job	das gut…… Angebot ein gut…… Angebot	die technisch…… Ausbildung eine technisch…… Ausbildung	die neu…… Berufe neu*e* Berufe
Dat.	dem neu…… Job einem neu…… Job	dem gut…… Angebot einem gut…… Angebot	der technisch…… Ausbildung einer technisch…… Ausbildung	den neu…… Berufe**n** neu…… Berufe**n**
Gen.	des neu…… Jobs eines neu…… Jobs	des gut…… Angebots eines gut…… Angebots	der technisch…… Ausbildung einer technisch…… Ausbildung	der neu…… Berufe neu*er* Berufe

b Ergänzen Sie die Adjektivendungen nach dem bestimmten Artikel.

1 Busfahrer werden? Nein, der stressig...... Verkehr in der Stadt wäre nichts für mich.
2 Aber du hättest einen sehr sicher...... Arbeitsplatz!
3 Ich unterhalte mich oft mit der nett...... Busfahrerin der Linie 15.
4 Gerade an dem eng...... Kontakt mit genervten Kunden hätte ich nicht so viel Spaß.
5 Die neuest...... Idee von Carlos ist übrigens, LKW-Fahrer zu werden.

c Ergänzen Sie die Adjektivendungen so wie nach unbestimmten Artikeln.

1 Ein groß...... Traum im Moment ist eine feste, unbefristete Stelle.
2 Hast du schon etwas von deiner aktuell...... Bewerbung gehört?
3 Nein, ich habe noch keine positiv...... Antwort bekommen. Aber auch keine negativ......!
4 Du könntest doch mal in unserer klein...... Wochenzeitung nach Jobs schauen.
5 Mein lang...... Gespräch mit Marc gestern hat mich auf einige neue Job-Ideen gebracht.

d Ergänzen Sie die Adjektivendungen ohne Artikel.

1

Zuverlässig...... Frau, 40, sucht klein...... Job als Haushaltshilfe. Am liebsten in der Woche vormittags. Auch Gartenpflege möglich.

2

Fortgeschritten...... Informatikstudent hilft bei groß...... und klein...... Computerproblemen. Jedes Problem lässt sich lösen.

3

Geduldig...... Lehrerin aus Spanien gibt effektiv...... Spanischunterricht mit abwechslungsreich...... Methoden, einzeln oder in der Gruppe.

3 Ordnen Sie die beruflichen Kategorien den Beispielen zu. 3

1	Berufsfelder	a	Altenpfleger, Erzieher, Arzt, Hebamme, Lehrer
2	Reglementierte Berufe	b	Mathematik, Informatik, Naturwissenschaft, Technik
3	MINT	c	Gehalt, Honorar, Provision
4	Zugangsvoraussetzungen	d	Inhalte, Arbeitsbedingungen, Weiterbildung, Verdienst
5	Perspektiven	e	Bau, Gastgewerbe, Elektro, Gesundheit
6	Bezahlung	f	mittlerer Bildungsabschluss, robuste Gesundheit, Sinn für Ästhetik

4 Aktionswoche „Elektro-Metall-Schweißen" 4

Welches Verb passt? Streichen Sie das falsche Verb durch.

1 Stärken und Interessen *herumkommen* | *herausfinden*
2 handwerkliche Tätigkeiten *ausprobieren* | *anprobieren*
3 mit Arbeitgebern ins Gespräch *kommen* | *sagen*
4 einen Schweißerlehrgang *teilnehmen* | *machen*
5 Unterricht in technischem Deutsch *studieren* | *erhalten*
6 die international anerkannte Schweißerprüfung *bestehen* | *empfangen*

5 Nachfrage zu einem Weiterbildungsangebot 5

Sortieren Sie die Elemente der E-Mail und schreiben Sie sie richtig.

1 oder nur für Deutsch-Muttersprachler?
2 Ist Ihr Angebot auch für Deutschlerner geeignet
3 und habe dazu eine Frage:
4 Kofi Dwenger
5 Sehr geehrte Damen und Herren,
6 Mit freundlichen Grüßen
7 ich habe Ihr Weiterbildungsangebot „Bewerbungstraining“ gesehen
8 Mein Deutsch ist ungefähr auf dem Niveau B2.

6 Was denken Sie, was soll Kofi tun? 6

Hören Sie noch einmal Kofis Gespräch mit seinem Freund. Schreiben Sie ihm eine E-Mail mit Ihren Tipps. Die Formulierungen helfen. 54

Möglichkeiten
die berufliche Anerkennung beantragen
die Meisterprüfung machen
sich selbstständig machen
eine neue Stelle suchen (wie?)

Formulierungen
Ich verstehe, dass ...
In deiner Situation finde ich ... am besten.
Du kannst doch auch ...
An deiner Stelle würde ich ...

7 Reflexivpronomen 6

a Ergänzen Sie die Reflexiv- und Personalpronomen im Akkusativ und Dativ.

Reflexivpronomen im Akkusativ

ich	du	er, sie, es	wir	ihr	sie, Sie
mich					

Reflexivpronomen im Dativ

ich	du	er, sie, es	wir	ihr	sie, Sie
mir					

Personalpronomen im Akkusativ

ich	du	er	es	sie	wir	ihr	sie, Sie
mich							

Personalpronomen im Dativ

ich	du	er	es	sie	wir	ihr	sie, Sie
mir							

b Ergänzen Sie die Reflexivpronomen im Akkusativ.

1 Ich muss .... noch von den Kollegen verabschieden, dann komme ich mit.

2 Habt ihr .... im Urlaub gut erholt?

3 Wir freuen .... über den neuen Auftrag.

4 Irgendwann musst du .... für einen Beruf entscheiden.

5 Hat Herr Kramer .... schon vorgestellt? Er ist unser neuer Fahrer.

6 Meine Kollegen regen .... oft über unsere Chefin auf.

c Welches Reflexivpronomen passt? Streichen Sie das falsche Pronomen durch.

1 Willst du wirklich von hier weggehen? Hast du *dir* | *dich* das gut überlegt?
2 Habt ihr *uns* | *euch* schon an das neue Büro gewöhnt?
3 Ich muss *mich* | *mir* jetzt dringend um meine Bewerbungsunterlagen kümmern.
4 Haben Sie *sich* | *uns* schon die Hände gewaschen? Hygiene ist hier sehr wichtig.
5 Herr Karstensen hat *dich* | *sich* das Angebot noch nicht angesehen.
6 Wir möchten *euch* | *uns* herzlich bei Ihnen bedanken.

d Ergänzen Sie *ihn / sie, ihm / ihr* oder *sich*.

1 ▶ Hast du Raschid schon mal wegen einer Stelle gefragt? Er ist doch auch Maler, oder?

▷ Ja, stimmt. Ich könnte .... mal fragen.

2 ▶ Frau Gerber hat .... heute gemeldet. Hast du .... schon gesagt, dass wir den Termin verschieben müssen?

▷ Ja, und ich habe .... auch gefragt, ob sie eine Woche später Zeit hat. Sie gibt uns bald Bescheid.

3 ▶ Wo ist Frank? Kommt er gleich mit auf die Baustelle?

▷ Ja, er kommt auch mit. Er muss .... nur noch umziehen.

▶ Sehr gut. Dann kann ich gleich auf der Fahrt noch etwas mit .... besprechen.

e Kofi braucht eine neue Stelle, was denkt er? Ergänzen Sie die Reflexivpronomen.

1 Ich muss .... nicht beeilen. Noch habe ich eine Stelle.

2 Ich kann zur Arbeitsagentur gehen und .... dort beraten lassen.

3 Mein Chef kann .... bei seinen Kontakten über freie Stellen für mich informieren.

4 Ich kann .... auch für eine Weiterbildung anmelden.

5 Ich kann .... überlegen, die berufliche Anerkennung zu beantragen.

6 Wenn mein Kollege .... selbstständig machen will, braucht er vielleicht bald einen Mitarbeiter.

7 Ich kann .... einfach nach Stellenangeboten umsehen.

8 Stellengesuch

Lesen Sie den Text und kürzen Sie ihn so, dass es eine typische Anzeige wird:
Streichen Sie die Artikel und überflüssige Verben.

Ein freundlicher Student, der aus Spanien kommt und Erfahrung in der Gastronomie hat, sucht einen Job als Kellner oder als Barkeeper im Großraum Köln, gerne in einem spanischen Restaurant. Schicken Sie Ihre Zuschriften bitte an LX 469782.

9 Onlineformular für eine Arbeitsvermittlung.

Lesen Sie den Text und entscheiden Sie, welche Wörter am besten in die Lücken passen.

Ich komme aus der Türkei und habe nach dem mittleren Schulabschluss eine Ausbildung ...1... Näherin bei einer großen Modefirma gemacht. ...2... habe ich dann auch drei Jahre gearbeitet. Vor zwei Jahren habe ich ...3... und bin zu meinem Mann nach Deutschland gekommen. Ich habe dann Deutsch gelernt und ...4... die B2-Prüfung bestanden. Jetzt suche ich eine ...5... in der Textil- und Modebranche, in ...6... oder Vollzeit, hier im Ruhrgebiet.

1 a wie	2 a Drüben	3 a verheiratet	4 a vor Kurzem	5 a Anzeige	6 a Teil-
b als	b Damals	b geheiratet	b seit Langem	b Bewerbung	b Halb-
c von	c Dort	c geschieden	c bis demnächst	c Stelle	c Bruch-

10 Anmeldung per E-Mail

Lesen Sie die E-Mail und ergänzen Sie die Wörter. Sortieren Sie dafür die Silben im Kasten.

mel an den | li chen freund | ze plät | ehr te ge | wort ant | mit hier | ren her | ginnt be

Von: m.caresi@vmail.com
An: info@sprachschulelingua.de

Sehr ...1... Damen und ...2...,

...3... möchte ich mich zu dem Abendkurs „Englisch für den Beruf B1“ ...4..., der am 19. März ...5... . Gibt es noch freie ...6...? Und sollte ich vorher einen Einstufungstest machen?

Ich danke Ihnen im Voraus für Ihre ...7... .

Mit ...8... Grüßen
Maria Caresi

11 Konjunktiv II 9

a Ergänzen Sie die Formen des Konjunktiv II.

werden	können	müssen	sein	haben
ich würde				
	du könntest			
		er / sie müsste		
			wir wären	
				ihr hättet
sie / Sie würden				

b Ergänzen Sie die passende Form von *werden*, *können* oder *müssen* im Konjunktiv II.

1 K.................... ich bitte Frau Kaiser sprechen?

2 Da m.................... Sie einen Moment warten, sie ist gerade im Gespräch.

3 Ich w.................... gern wissen, wie lange der Kurs dauert.

4 Herr Lohse m.................... jeden Moment zurück sein.

5 K.................... du mir bitte die Nummer von der Ansprechpartnerin des Jobcenters geben?

6 Wir w.................... gern mit Ihnen zusammenarbeiten.

c Was passt? Ergänzen Sie *sein* oder *haben* im Konjunktiv II.

1 .... Sie einen Moment Zeit?

2 Möchten Sie ein Glas Wasser? – Ja, das .... nett.

3 Wir .... gern reich.

4 .... ihr auch Lust auf dieses Projekt?

5 .... es möglich, den Termin zu verschieben?

6 Ich .... gern einen Beratungstermin.

d Lesen Sie den Telefondialog und wählen Sie die passende Form aus. Streichen Sie das falsche Verb durch.

▶ Volkshochschule, Bäumer am Apparat, was kann ich für Sie tun?

1 ▷ Guten Tag, mein Name ist Milena Novotná. Ich *könnte* | *würde* | *hätte* mich gern für einen Kurs anmelden.

2 ▶ Ja, gern, welcher Kurs *wäre* | *hätte* | *müsste* das denn?

▷ Deutsch für Pflegeberufe.

3 ▶ Ach so, da *müssten* | *müsste* | *müsstest* ich Sie mit Frau Andrack verbinden. Kleinen Moment.

○ VHS, Andrack, hallo?

▷ Guten Tag. Kann ich mich bei Ihnen für den Kurs Deutsch für Pflegeberufe anmelden?

4 ○ Ja, ich setze Sie gern auf die Teilnehmerliste. Sie *müssten* | *könnten* | *wären* allerdings dann

5 noch persönlich vorbeikommmen, wir *wären* | *würden* | *müssten* Ihr B2-Zertifikat sehen und die Berechtigung von der Agentur für Arbeit.

6 ▷ Ja, das habe ich beides. Wann *könnten* | *könnte* | *hätte* ich vorbeikommen,

7 *wäre* | *waren* | *würden* das auch nachmittags möglich?

○ Ja, unsere Öffnungszeiten sind montags bis freitags von 9:30 bis 15:30 Uhr.

8 Donnerstags *würden* | *könnten* | *hätten* wir sogar bis 17:30 Uhr geöffnet.

12 Irreale Bedingungssätze 10

a Mein Leben wäre leichter, wenn … Hören Sie die Aussagen und ordnen Sie die Satzteile zu. 55

Mein Leben wäre leichter, wenn …

ich besser	Euro mehr im Monat	würde.
meine Eltern	anders	wären.
mein Chef	Deutsch sprechen	wäre.
ich tausend	in der Nähe	hätte.

b Sortieren Sie die Sätze.

1 ich | schon | wenn | hätte | eine Arbeit | , | entspannter | ich | wäre.

2 mich | bewerben | besser | ich | könnte | , | die berufliche Anerkennung | ich | hätte | wenn.

3 wäre | wenn | jünger | ich | , | machen | noch eine Ausbildung | würde | ich.

4 in einem anderen Beruf | ich | arbeiten | würde | , | ich | wenn | wäre | noch in meinem Heimatland.

13 Unterlagen für die berufliche Anerkennung 11

a Ordnen Sie die Unterlagen den Erklärungen zu.

1 Abschlusszeugnis
2 Arbeitszeugnis
3 Gesundheitszeugnis
4 Nachweis der Deutschkenntnisse
5 Führungszeugnis
6 beglaubigte Kopie / Übersetzung

a Das … ist eine Beurteilung von einem ehemaligen Arbeitgeber.

b Das … ist das Zeugnis über eine abgeschlossene Ausbildung oder ein abgeschlossenes Studium.

c Das … zeigt, ob man vorbestraft ist, ob man also in der Vergangenheit kriminell geworden ist.

d Das … bekommt man von einem Arzt, es bestätigt den gesundheitlichen Zustand.

e Der … ist meistens ein Prüfungszertifikat, zum Beispiel von einer B2-Prüfung.

f Die … ist eine Kopie oder Übersetzung, auf der offiziell bestätigt wird, dass sie mit dem Original übereinstimmt.

b Hören Sie das Telefonat und beantworten Sie die Fragen. 56

1 Welchen Beruf möchte Karim Shalif anerkennen lassen? …

2 Welche Unterlagen braucht er? …

3 Was ist der nächste Schritt? …

14 In Deutschland eine Firma gründen 12

Lesen Sie den Info-Flyer und die Aussagen. Wählen Sie die richtige Antwort aus.

Deutschland ist ein gutes Land für Unternehmensgründungen: Es liegt mitten in Europa, hat ein gutes Verkehrsnetz und viele Käufer. Trotzdem haben nur wenige Deutsche den Mut, in die berufliche Selbstständigkeit zu gehen. Bei den Migranten sind es deutlich mehr: Im Jahr 2016 hatten 42,5 Prozent der Gründer einen ausländischen Pass. Hatten Sie auch schon mal den Gedanken, eine Firma zu gründen, ein Geschäft zu eröffnen? Jede Gründung fängt mit einer Idee an! Danach liegen einige Schritte vor Ihnen. Und wir helfen Ihnen dabei.

Wir werden Sie darüber informieren, ob Ihre Unternehmung unter die reglementierten Berufe fällt, unter die gewerblichen Berufe oder unter die freien Berufe. Bei den reglementierten Berufen braucht man bestimmte berufliche Qualifikationen, bei den gewerblichen Berufen treibt man Handel, hier gibt es ein anderes Anmeldeverfahren als für die freien Berufe.

Dann werden Sie bei uns erfahren, was Sie brauchen – den Aufenthaltstitel, der für eine Unternehmungsgründung notwendig ist, die Unterlagen, die Sie benötigen, und wo Sie Ihre Selbstständigkeit anmelden müssen. Außerdem werden Sie einen Businessplan machen, um mögliche Geldgeber und Mitarbeiter zu überzeugen. Natürlich informieren wir Sie auch über Finanzierungsmöglichkeiten.

Schließlich werden wir Sie dazu beraten, welche Versicherungen Sie brauchen, was Sie bei der Buchhaltung beachten müssen und welche Steuern Sie zu zahlen haben.

1 In Deutschland ...
- a ☐ ist der Anteil der Migranten unter Existenzgründern besonders hoch.
- b ☐ gründen kaum Migranten ein Unternehmen.

2 Es gibt ...
- a ☐ eine Art von Gründung.
- b ☐ drei Arten von Gründungen, abhängig vom Berufsfeld.

3 Für alle Schritte einer Gründung ...
- a ☐ kann man Beratung bekommen.
- b ☐ gibt es eine Versicherung.

GUT ZU WISSEN

Hier finden Sie Informationen zum Gründen:

www.wir-gruenden-in-deutschland.de
www.existenzgruender.de
www.make-it-in-germany.com

15 Futur 12

Schreiben Sie die Sätze im Futur I.

1 In 3 Jahren habe ich meine eigene Firma. *In drei Jahren werde ich meine eigene Firma haben.*

2 Dann arbeitest du viel, aber du bist frei. ....

3 Wir bringen tolle Produkte nach Deutschland. ....

4 Jemand berät mich bei allen Schritten. ....

5 Wir möchten selbst Arbeitgeber sein. ....

Lernwortschatz

Berufsbeschreibungen

der Arbeitsablauf
das Berufsfeld
das Fachdeutsch
Fachleute / Fachkräfte (Pl.)
der Fachwortschatz
der / die Handwerker / -in
der MINT-Beruf
die Teilzeit
die Vollzeit
der gefragte Beruf
der Umgang mit Kunden
Verantwortung haben / tragen

Schreiben Sie Beispielsätze.

Anmeldung zu einer Fortbildung

die Berechtigung
die Förderung
der Lehrgang
der Nachweis über Deutschkenntnisse
die Vorkenntnisse
der / die Vermittler / -in
die Zugangsvoraussetzung
die Meisterprüfung machen
persönlich vorbeikommen
sich beruflich neu orientieren

Wie heißen die Wörter in Ihrer Muttersprache? Übersetzen Sie.

Berufliche Anerkennung

die beglaubigte Kopie / Übersetzung
die berufliche Anerkennung beantragen
die Qualifikation
das Übersetzungsbüro

Gründen

der / die Einzelunternehmer / -in
der / die Geschäftspartner / -in
gut / schlecht anlaufen
die freiberufliche Tätigkeit
sich selbstständig machen
ein Unternehmen / eine Firma gründen

Stellensuche

.... Berufserfahrung
.... Bewerbungstraining
.... Spezialisierung
.... Stellengesuch

Ergänzen Sie die Artikel.

1 Informationen zu Berufen verstehen

Lesen Sie den Text und kreuzen Sie an.

Werkzeugmechaniker / in
Ein Werkzeugmechaniker stellt Werkzeuge her. Wer jetzt an einen Hammer oder Schraubenzieher denkt, liegt aber falsch: Werkzeugmechaniker fertigen sehr viel kompliziertere Werkzeuge und Teile von Maschinen für die Industrie, aber auch zum Beispiel für chirurgische Instrumente in der Medizin an. Dafür benutzen sie Werkzeugmaschinen, die sie selbst programmieren. Auch die Wartung und Reparatur von Werkzeugen gehören zum Arbeitsalltag eines Werkzeugmechanikers. Das Wissen und Können von Werkzeugmechanikern ist auf dem Arbeitsmarkt sehr gefragt; schon das Ausbildungsgehalt im ersten Lehrjahr liegt bei ca. 1.020,00 €. Wer sich also für Technik interessiert, handwerklich begabt ist und Spaß an Präzision hat, sollte über diesen Beruf nachdenken. Mehr Informationen gibt es bei der Agentur für Arbeit.

1 Werkzeugmechaniker stellen …
a ☐ Werkzeuge für Hobby-Handwerker her.
b ☐ professionelle Werkzeuge her.

2 Teil des Berufs ist es, …
a ☐ chirurgisch zu arbeiten.
b ☐ Maschinen zu programmieren.

3 Werkzeugmechaniker …
a ☐ sind stark nachgefragte Fachkräfte.
b ☐ reparieren alle Arten von Maschinen.

4 Man verdient …
a ☐ schon während der Ausbildung gut.
b ☐ nie mehr als 1.020 Euro.

☺ 😐 ☹ ☐ ☐ ☐

2 Informationen zu Berufen finden

57

Jonas Kräher stellt einem Berufsberater Fragen zum Beruf des Werkzeugmechanikers. Hören Sie und ergänzen Sie seine Notizen.

1 Ausbildungsdauer: ……………

2 Abitur nötig? ……………

3 wichtige Schulfächer: ……………

4 weitere Interessen: ……………

5 Arbeit in: *Werkzeug- oder Produktionsbetrieben*

6 Zwei Richtungen: *Feinmechanik oder Industrie*

☺ 😐 ☹ ☐ ☐ ☐

3 Sich über Anerkennungen erkundigen

Sie möchten eine Ausbildung als Werkzeugmechaniker / in machen. Sie schicken eine Onlinebewerbung an einen Ausbildungsbetrieb. Schreiben Sie im freien Textfeld etwas über sich und Ihre Motivation.

……………

☺ 😐 ☹ ☐ ☐ ☐

1 Ein Stellenangebot

a Was passt? Ergänzen Sie das Stellenangebot.

unbefristete | abgeschlossene | fertigen | vorbereiten | Bezahlung | Belastbarkeit | Urlaubs- | Zuverlässigkeit | Schichtdienst | Stelle

Sie suchen eine neue ……1…… ? Wir suchen Sie!

BETONBAUER (m / w / d) ab sofort

Das bieten wir Ihnen: ……2…… Stelle in Vollzeit, ……3…… nach Tarif, ……4…… und Weihnachtsgeld

Ihre Aufgaben: Baupläne lesen, Baustellen ……5……, Betonteile ……6……

Das bringen Sie mit: ……7…… Ausbildung, Deutschkenntnisse mindestens auf B1, Bereitschaft zum ……8……, Teamfähigkeit, ……9…… und körperliche ……10…… .

b Lesen Sie das Stellenangebot noch einmal und kreuzen Sie an.

1 Es wird ein Betonbauer …
a ☐ ab Weihnachten gesucht.
b ☐ ab sofort gesucht.

2 Es ist eine …
a ☐ Ganztagsstelle.
b ☐ Teilzeitstelle.

3 Man muss …
a ☐ fertig ausgebildet sein.
b ☐ ein B2-Zertifikat haben.

4 Man arbeitet …
a ☐ im Bereitschaftsdienst.
b ☐ in unterschiedlichen Schichten.

2 Nachfragen zu einem Stellenangebot

Sortieren Sie und spielen Sie den Dialog.

☐ Könnten Sie mir sagen, wie groß Ihr Betrieb ist?
☐ Ja, das bin ich. Ich habe meine Ausbildung in Ghana gemacht und arbeite seit 17 Jahren als Maler.
☐ Ja, gern.
☐ Ich beziehe mich auf Ihr Stellenangebot in der Zeitung vom Samstag. Ist diese Stelle noch frei?
☐ Nein, die brauchen wir nicht unbedingt.
☐ Natürlich. Wir sind ein mittelständisches Unternehmen mit 20 festangestellten Mitarbeitern. Sind Sie denn ausgebildeter Maler?
☐ So viel Berufserfahrung, das klingt gut! Suchen Sie denn jetzt Ihre erste Stelle in Deutschland?
1 Guten Tag, ich heiße Kofi Dwenger und bin an der offenen Maler-Stelle interessiert. Kann ich Ihnen dazu ein paar Fragen stellen?
☐ Nein, ich habe seit drei Jahren eine Stelle, aber der Betrieb wird Ende des Jahres geschlossen. Erwarten Sie eigentlich eine offizielle berufliche Anerkennung?
☐ Ja, die ist noch frei.

3 Verben mit Präpositionen

a Was passt? Wählen Sie die passende Präposition aus.

1 Sie sollten sich mal *nach* | *an* | *über* der freien Maler-Stelle bei der Firma Bendixen erkundigen.
2 Er hat sich noch nicht *für* | *um* | *auf* seine Bewerbungsunterlagen gekümmert.
3 Hast du dich schon *nach* | *an* | *für* die Jobbörse angemeldet?
4 Ich interessiere mich *für* | *zu* | *über* die ausgeschriebene Stelle.
5 Wenden Sie sich bei Nachfragen zu dem Stellenangebot bitte *zu* | *an* | *für* Frau Schulte.
6 Anna sollte sich *auf* | *zur* | *von* die Stelle im Marketing bewerben.
7 Ihre Bewerbung schicken Sie bitte *nach* | *für* | *an* Frau Behrens von der Personalabteilung.
8 Wir freuen uns *für* | *auf* | *mit* das neue Projekt.
9 Ich beziehe mich *von* | *über* | *auf* Ihre Anzeige in der Samstagszeitung.
10 Ich danke Ihnen *um* | *für* | *gegen* das nette Gespräch.

b Schreiben Sie eigene Sätze mit den Verben und Präpositionen aus 3a.

1 ...
Ich erkundige mich nach seiner E-Mail-Adresse.
2 ...
3 ...
4 ...
5 ...
6 ...
7 ...
8 ...
9 ...
10 ...

4 Lebenslauf

a Wie könnte man die Kategorien auch benennen? Ordnen Sie zu.

1	Persönliche Daten	a	Schulische Ausbildung
2	Weiterbildung	b	Zur Person
3	Berufliche Stationen	c	Berufserfahrung
4	Besondere Kenntnisse	d	Ehrenamtliches Engagement
5	Schulbildung	e	Weitere Kenntnisse und Qualifikationen
6	Ehrenamt	f	Fortbildungen

b Wie sollte ein Lebenslauf sein? Kreuzen Sie alles Zutreffende an.

a ☐ Der Lebenslauf sollte nicht länger als eine bis zwei Seiten sein.
b ☐ Nennen Sie den höchsten Abschluss und den aktuellsten Job zuerst.
c ☐ Geben Sie die Namen Ihrer früheren Chefs an.
d ☐ Nennen Sie unter „Besondere Kenntnisse" Ihre Sprachkenntnisse und alle Qualifikationen, die für den Job wichtig sein könnten, z. B. den Führerschein.
e ☐ Links oben ist der Platz für ein Foto.
f ☐ Sie müssen keine Hobbys angeben, aber Ihre Hobbys können Schlüsselqualifikationen zeigen.

5 Das Anschreiben

a Wie ist das Bewerbungsanschreiben aufgebaut? Sortieren Sie die Punkte.

- ☐ Qualifikationen und Soft Skills
- ☐ Betreff: welche Stelle, wo Anzeige gefunden
- ☐ Anrede
- ☐ Schlusssatz
- ☐ Einleitung
- ☐ Berufserfahrung
- ☐ Gruß und Unterschrift
- ☐ schreiben, warum man in dieser Firma arbeiten will

b Lesen Sie das Bewerbungsschreiben und ergänzen Sie die Lücken.

Sehr gern möchte ich mein Wissen | Meine Kollegen schätzen mich für | macht mir sehr viel Spaß | habe ich mit großem Interesse gelesen | stehe ich gerne zur Verfügung | Über eine Einladung zu einem persönlichen Gespräch | habe ich viel Erfahrung darin | es entspricht meinen Interessen und Qualifikationen | Besonders attraktiv an Ihrem Stellenangebot ist für mich

Mainz, 14.06.20……

Bewerbung als Zahnarzthelferin
Ihr Stellenangebot auf stelle25.de vom 12.06.20……

Sehr geehrte Frau Dr. Bremer,

Ihr Stellenangebot auf stelle25.de ……… 1 ………, denn ……… 2 ……… .

Als ausgebildete zahnmedizinische Fachangestellte ……… 3 ………, bei Behandlungen zu assistieren, die Sprechzeiten zu organisieren und die Patienten zu betreuen. ……… 4 ……… meine zuverlässige Arbeitsweise und Freundlichkeit. Die Arbeit im Team und mit den Patienten ……… 5 ……… . ……… 6 ……… die Möglichkeit, mit Kindern zu arbeiten. Weil ich mich gern mehr um die jungen Patienten kümmern möchte, habe ich die Fortbildung „Kinderzahnheilkunde“ besucht. ……… 7 ……… nun in Ihrer Praxis einbringen.

Für Fragen ……… 8 ……… .
……… 9 ……… freue ich mich sehr.

Mit freundlichen Grüßen
Fatima Köhler

c Lesen Sie das Anschreiben noch einmal und beantworten Sie die Fragen. Sprechen Sie zu zweit.

1 Was ist Fatima Köhler von Beruf?
2 Wo hat sie die Anzeige gefunden?
3 Wo bewirbt sie sich?
4 Wie möchte sie sich beruflich verändern?

6 Das Vorstellungsgespräch

58 **a** Hören Sie und ergänzen Sie die Sätze.

1 Haben Sie uns ohne .... gefunden?
2 Ja, das war kein Problem. Die .... ist ja sehr gut.
3 Möchten Sie vielleicht etwas trinken, ein .... oder einen Kaffee?
4 Dann .... erzählen Sie doch ein bisschen über sich.
5 Was würden Sie sagen sind Ihre größten .... ?
6 Ich .... sehr exakt und dabei zügig.
7 Und was sind Ihre .... ?
8 Wie sind eigentlich Ihre .... ?
9 Könnten Sie mir sagen, wie groß Ihr .... ist?
10 Hätten Sie denn nächte Woche Zeit für ein paar Stunden .... ?

b Sortieren Sie die Sätze aus 6a und spielen Sie den Dialog mit Ihrer Partnerin / Ihrem Partner.

Arbeitgeber	Bewerber

59 **c** Was erzählt Marc von seinem Vorstellungsgespräch? Hören Sie den Dialog und kreuzen Sie an.

		✓	✗
1	Marc hatte ein sehr gutes Gefühl nach dem Gespräch.	☐	☐
2	Marc fand die Atmosphäre bei dem Gespräch richtig gut.	☐	☐
3	Das Vorstellungsgespräch war in einer Tischlerei.	☐	☐
4	Die Firma ist ein großes Unternehmen.	☐	☐
5	Er würde die Stelle antreten.	☐	☐

7 *wenn / als*

a Was war einmal, was war wiederholt? Kreuzen Sie an.

		Einmal	Wiederholt
1	Wenn ich bei der Berufsberatung war, habe ich immer gute Tipps bekommen.	☐	☐
2	Ich war so froh, als ich die Zusage erhalten habe!	☐	☐
3	Ich war bis jetzt immer nervös, wenn ich ein Vorstellungsgespräch hatte.	☐	☐
4	Als ich eine Stelle gesucht habe, hat mir ein Freund bei der Bewerbung geholfen.	☐	☐
5	Wenn ich in meinem Heimatland einen Job gesucht habe, lief das immer ganz anders.	☐	☐

b Was passt? Ordnen Sie zu.

1 Als ich dich das letzte Mal getroffen habe,
2 Wenn ich traurig war,
3 Als er nach Deutschland kam,
4 Immer wenn ich in einem Vorstellungsgespräch war,
5 Als sie den Deutschkurs abgeschlossen hatte,

a hatte ich einen Glücksbringer dabei.
b hat sie schnell eine Stelle gefunden.
c hatte er noch einen anderen Beruf.
d hattest du noch keinen Job!
e haben mir meine Freunde geholfen.

c Ergänzen Sie die Sätze.

1 Als ich noch kein Deutsch gesprochen habe, ...

2 ...., wenn ich gestresst war.

3 Immer wenn ich etwas Neues auf Deutsch gelernt habe, ...

4 Wenn ich an das Thema Bewerbung gedacht habe, ...

5 ...., als ich nach Deutschland gekommen bin.

8 Telefonisch nachfragen 6

a Sortieren Sie die Sätze und hören Sie zur Kontrolle. 60

1 Ich | nochmal | wegen des Stellenangebots | an | rufe.

....

2 Ich | fragen | wollte | , | Sie | ob | schon | sich | für einen Bewerber | haben | entschieden?

....

b Sortieren Sie die Buchstaben und hören Sie zur Kontrolle. 61

Ich rufe nochmal wegen der ....1.... *(rfiene)* ....2.... *(lleetS)* an. Ich wollte mich nach dem ....3.... *(anStd)* der ....4.... *(nDige)* erkundigen.

c Wählen Sie das passende Wort aus und hören Sie zur Kontrolle. 62

Ich *durfte* | *wollte* | *konnte* mich nochmal nach der freien Stelle *hören* | *erkundigen* | *fragen*: Haben Sie sich da schon für einen Bewerber *entschieden* | *bekommen* | *angeboten*?

9 tekamolo 6

a Was passt wo? Sortieren Sie die Angaben in die Tabelle.

zur Unterstützung | leider | gestern | auf der Baustelle | viel zu früh | zu dem schwierigen Kunden | morgen | in die Firma | gern | aus Nervosität | zur Beruhigung | wegen des Sturms

wann? temporal	warum? kausal	wie? modal	wo / wohin? lokal

b Ergänzen Sie möglichst viele sinnvolle Angaben aus 9a in den Sätzen.

1 Ich bin .... gefahren.
2 Man konnte .... nicht arbeiten.
3 Frau Rake wird Sie .... begleiten.
4 Ich habe .... zu viel Kaffee getrunken.

10 Eine E-Mail

6

a Korrigieren Sie die E-Mail. In jeder Zeile ist ein Fehler bei der Wortstellung.

An:
Betreff:

Liebe / r ...,

1 ich dir möchte sehr für deine nette E-Mail danken! Deine Worte haben mir vor dem
2 Vorstellungsgespräch sehr geholfen. Es ist dann auch wirklich gelaufen gut. Naja, nicht perfekt: Ich
3 habe zu schnell aus Nervosität am Anfang gesprochen und sicher auch nicht fehlerfrei.
4 Aber waren die Chefs sehr interessiert an meinen beruflichen Stationen und auch an meinen
5 Fremdsprachenkenntnissen. Tja, Arabisch eben keine häufige Fremdsprache in Deutschland ist.
6 Aber jetzt bin ich doch wieder ziemlich nervös, denn haben sie sich noch nicht bei mir gemeldet.
7 Was meinst du: Ich soll da mal anrufen? Oder wartet man doch besser ab und wenn ja, wie lange?
8 Ich hätte diese Stelle wirklich gerne. Ich arbeite sehr gerne in der Logistik noch immer
9 und tatsächlich liebsten am mit Schiffen.

Ich freue mich wie immer über Post von dir!
Liebe Grüße
Ahmed

b Schreiben Sie eine Antwort an Ahmed.

Schreiben Sie über folgende Punkte: 1 Kommentieren Sie sein Vorstellungsgespräch.
2 Antworten Sie auf seine Frage. 3 Schreiben sie etwas zu Ihrer eigenen beruflichen Situation.

11 Alles Gute!

Was wünschen Sie in dieser Situation? Wählen Sie aus.

1 Ihre Freundin hat die B2-Prüfung bestanden.

a ☐ Herzliche Grüße! b ☐ Herzlichen Glückwunsch! c ☐ Herzliches Beileid.

2 Ihr Kollege ist krank.

a ☐ Gesundheit! b ☐ Gute Besserung! c ☐ Viel Glück!

3 Ihre Freundin hat ein wichtiges Mitarbeitergespräch vor sich.

a ☐ Viel Spaß! b ☐ Viel Erfolg! c ☐ Viele Grüße!

4 Ihre Kollegin ist mit der Arbeit fertig und geht nach Hause.

a ☐ Guten Abend! b ☐ Schöne Feiertage! c ☐ Schönen Feierabend!

5 Es ist kurz vor Weihnachten.

a ☐ Schönen Feierabend! b ☐ Schöne Feiertage! c ☐ Herzlichen Glückwunsch!

6 Jemand muss niesen.

a ☐ Gesundheit! b ☐ Gute Besserung! c ☐ Herzliches Beileid.

7 Der Vater einer Kollegin ist gestorben.

a ☐ Herzliches Beileid. b ☐ Herzlichen Glückwunsch! c ☐ Gute Besserung!

12 Arbeitsvertrag

a Was passt? Bilden Sie Wörter, die in einem Arbeitsvertrag vorkommen. Notieren Sie sie.

Probe-	pflicht
Kündigungs-	meldung
Arbeits-	stunden
Urlaubs-	arbeitszeit
Krank-	tage
Über-	vergütung
Wochen-	frist
Verschwiegenheits-	zeit

b Vertragssprache: Was bedeutet das? Markieren Sie die Wörter im Vertragstext von Aufgabe 8a im Kursbuch und ordnen Sie die Erklärungen zu.

1 vergüten	a das Recht auf
2 Stillschweigen bewahren	b bezahlen
3 der Anspruch auf	c unbefristet
4 abgegolten sein	d nichts erzählen
5 auf unbestimmte Zeit	e schon bezahlt sein

13 Der erste Tag in der Firma

a Sortieren Sie den Dialog und spielen Sie mit Ihrer Partnerin / Ihrem Partner.

- ☐ ▶ Hm, ich überlege mal ... Das Rauchen ist hier drin verboten und auch in allen Gebäuden, in denen wir arbeiten.
- ☐ ▷ Entschuldigung, kann ich etwas fragen? Wie ist das hier mit der Arbeitskleidung?
- ☐ ▶ Das ist im Moment alles, was mir einfällt. Wenn du noch eine Frage hast, frag mich gern.
- ☐ ▶ Wir tragen hier alle Firmenkleidung mit dem Logo der Firma. Und auf Baustellen müssen wir auch Schutzkleidung tragen. Helm und Sicherheitsschuhe. Das haben wir auch alles hier.
- ☐ ▷ Okay, danke. Gibt es sonst noch wichtige Regeln, die ich kennen sollte?
- ☐ ▷ Ja, das ist klar. Ich rauche sowieso nicht.

63 **b** Hören Sie und schreiben Sie die typischen Fragen am Anfang.

1 *Ich* ……………………, …………………….
2 ……………………, …………………….
3 ……………………, ……………………?
4 ……………………, ……………………?
5 ……………………, ……………………?
6 ……………………: ……………………?

14 Relativsätze mit *was*

a Ergänzen Sie *alles*, *etwas* oder *nichts*.

1 Im Büro arbeiten? Nein, das ist ……………………, was ich mir vorstellen könnte.
2 Haben Sie noch eine Frage? – Nein, das war für den Moment ……………………, was ich wissen wollte.
3 Ich habe da ……………………, was Sie interessieren könnte. Schauen Sie mal in unserem Geschäft vorbei.
4 ……………………, was ich von der Grafikerin gesehen habe, fand ich eher langweilig. Nichts war richtig interessant.
5 Telefonieren mit Kunden ist ……………………, was ich besonders gern mache. Da bin ich immer ziemlich nervös.
6 Das Thema Duzen und Siezen ist ……………………, was ich in der neuen Firma noch nicht so ganz verstanden habe.

b Was passt? Streichen Sie die falschen Wörter durch.

1 Wie heißt nochmal der Kollege, *der* | *den* | *was* du am liebsten magst?
2 Ist das die Firma, *die* | *was* | *der* die Rechnungen immer so spät bezahlt?
3 Wir müssen über ein Problem sprechen, für *was* | *das* | *dem* wir unbedingt eine Lösung brauchen.
4 Da sprichst du etwas an, *wen* | *den* | *was* ich auch schon mit dir besprechen wollte.
5 Das hier ist ein Unternehmen, mit *der* | *dem* | *was* wir öfter zusammenarbeiten sollten.
6 Wo finde ich einen Mitarbeiter, *der* | *den* | *was* mich beraten könnte?

Lernwortschatz

Nachfragen zu einem Stellenangebot

die Anforderung
der / die Arbeitssuchende
das mittelständische Unternehmen
nach dem aktuellen Stand fragen
sich an jemanden wenden
sich auf eine Anzeige beziehen
sich um eine Stelle bewerben

Lesen Sie Stellenangebote und überlegen Sie sich Fragen dazu.

Lebenslauf

das Ehrenamt
die Schulbildung
die besonderen Kenntnisse
die berufliche Station
die persönlichen Daten

Bewerbungs(an)schreiben

verhandlungssicher
die ausgeschriebene Stelle
ein Bewerbungsschreiben verfassen
für Fragen zur Verfügung stehen
den Interessen und Qualifikationen entsprechen

Suchen Sie Beispielsätze aus der Lektion.

Vorstellungsgespräch

die Gehaltsvorstellung
die Herausforderung
einen guten Eindruck machen
eine schwierige Situation meistern
sich nach dem Stand der Dinge erkundigen
sich für einen Bewerber entscheiden
eine Stelle antreten

Üben Sie Vorstellungsgespräche mit Familie und Freunden. Dann sind Sie nicht so aufgeregt.

Arbeitsvertrag

.... Arbeitsverhältnis
.... Betriebsgeheimnis
.... Gehalt
.... Krankschreibung
.... Kündigungsfrist
.... Lohnfortzahlung
.... Probezeit
.... Überstunde
.... Verdienst
.... Vergütung
.... Verschwiegenheitspflicht

Ergänzen Sie die Artikel.

1 Ein Vorstellungsgespräch verstehen

64

Hören Sie einen Ausschnitt aus einem Vorstellungsgespräch. Was ist richtig? Kreuzen Sie an.

1 ☐ Als alleinerziehende Mutter hat sie Soft Skills, die für Arbeitgeber interessant sind.
2 ☐ Als alleinerziehende Mutter ist sie oft nicht so gut organisiert.
3 ☐ Sie kann sich die Zeit und die Arbeit gut einteilen.
4 ☐ Luisa Peritz ist alleinerziehend, weil ihr Ex-Mann nicht in der Nähe lebt.
5 ☐ Die Zeit der Trennung war auch ihre größte Herausforderung.
6 ☐ Die Trennung von ihrem Mann war vor zwei Jahren.

☺ 😐 ☹
☐ ☐ ☐

2 Regeln im Beruf kennen

Lesen Sie den Text und die Sätze dazu. Richtig oder falsch? Kreuzen Sie an.

Krankes Kind – was tun?
Was tun, wenn das Kind krank ist und beide Eltern arbeiten? Besonders, wenn die Kinder klein sind, kann das ein Problem sein, denn Kita-Kinder sind oft mehrmals pro Jahr krank. In Deutschland lautet die gesetzliche Regelung, dass beide Eltern zehn Arbeitstage pro Jahr für die Betreuung eines kranken Kindes frei nehmen dürfen, Alleinerziehende haben 20 Tage. Wer zwei Kinder hat, bekommt doppelt so viele Tage, aber bei noch mehr Kindern liegt die Grenze dann insgesamt bei 25 Tagen pro Elternteil bzw. 50 Tagen für Alleinerziehende. Das heißt aber leider nicht, dass diese Tage auch bezahlt sind, denn auf Lohnfortzahlung gibt es keinen gesetzlichen Anspruch. Viele Unternehmen zahlen fünf Tage lang das volle Gehalt, aber sie müssen es eben nicht – da lohnt sich ein Blick in den Arbeitsvertrag. Für weitere fünf Tage (15 bei Alleinerziehenden) kann man das sogenannte Kinderpflegekrankengeld beantragen, das von der gesetzlichen Krankenkasse bezahlt wird und rund 70 Prozent des Bruttogehalts beträgt. Den Rest muss man selbst finanzieren, und das Ganze gilt auch nur, bis das Kind zwölf Jahre alt ist.

		✓	✗
1	Für die Pflege kranker Kinder können sich beide Elternteile frei nehmen.	☐	☐
2	Alleinerziehende bekommen halb so viel Zeit pro Kind.	☐	☐
3	Man hat einen gesetzlichen Anspruch auf Lohnfortzahlung, wenn die Kinder krank sind.	☐	☐
4	Das Kinderpflegekrankengeld wird in voller Höhe des Gehalts bezahlt.	☐	☐
5	Für Kinder über zwölf Jahren gibt es weder Betreuungszeit noch -geld.	☐	☐

Wegen der Coronapandemie gelten bis Ende 2025 Sonderregelungen.

☺ 😐 ☹
☐ ☐ ☐

3 Sich auf den ersten Arbeitstag vorbereiten

Sie sind Luisa Peritz und haben die Stelle bekommen. Schreiben Sie eine E-Mail an Ihre Kollegin Carla Lehmann.

Erkundigen Sie sich nach den Regelungen in der Firma, wenn das Kind krank ist.

- Attest?
- Bezahlte Krankheitstage? Wie viele?
- Vertretung?

☺ 😐 ☹
☐ ☐ ☐

1 Woher? – Wo? – Wohin?

a Welches Fragewort passt? Streichen Sie das falsche Fragewort durch.

1 Wo | Wohin besorgt Anitas Friseursalon das Shampoo?
2 Woher | Wohin fährt Herr Müller zum Termin?
3 Wohin | Wo ist der neue Auszubildende heute?
4 Wo | Woher findet die Betriebsfeier statt?
5 Woher | Wo kommt der neue Chef?
6 Wohin | Wo lege ich die Arbeitsmaterialien?

b Setzen Sie die richtige Präposition ein.

im | vom | aus | bei | in | ins | nach | zur | unter

1 Woher kommen die Sachen?	Die Arbeitsmaterialien kommen alle .... Großhandel. Die Abdeckplanen kommen .... der EU.
2 Wo sind die Sachen?	Die Wasserhähne sind .... Lager .... den Waschbecken. Die Schrauben sind .... einer Kiste .... dem Tisch.
3 Wohin kommen die Sachen?	Die Baumaterialien müssen .... Baustelle .... Stuttgart. Die Silikontuben gehören .... Lager.

c Der Restaurantbesitzer Dave Ching möchte gute Produkte aus der Region anbieten. Doch einige Sachen kommen aus anderen Ländern. Woher kommen / Wo wachsen in Deutschland die Lebensmittel? Wohin werden sie geliefert? Was glauben Sie? Sprechen Sie mit Ihrer Partnerin / Ihrem Partner und nutzen Sie folgende Ausdrücke.

im Ausland | vom Bauern | aus Spanien | bei uns | in anderen Ländern

Deutschland verkauft ...

Brokkoli wächst bei uns ...

Ich glaube, sie kommen aus Südamerika.

Woher kommen die Bananen in Deutschland?

Wo wächst Brokkoli?

Sie werden zum Beispiel nach Schweden geliefert.

Wohin werden Tomaten geliefert?

2 Eine Besprechung

a Lesen Sie die E-Mail-Nachricht und kreuzen Sie an. Richtig oder falsch?

Von: hardy@supersauber.de
An: mitarbeiter@supersauber.de
Betreff: Mitarbeiterbesprechung

Liebe Mitarbeiter,

ich möchte Sie / euch alle am Mittwoch um 11.00 Uhr zu einer Besprechung im Aufenthaltsraum einladen. Wir haben ein paar Punkte, die wir besprechen müssen. So werden wir ab Oktober unseren Lieferanten wechseln. Der neue Lieferant hat nicht nur eine größere Auswahl an Reinigungsmitteln, sondern ist auch preislich günstiger als unser jetziger Großhändler. Wir werden die Reinigungsmittel direkt vom Hersteller der Firma Billa Werke in Aachen beziehen. Deshalb müssen wir auch unser Lager etwas umorganisieren. Auch die Bestellvorgänge werden sich etwas ändern. Dieser Punkt betrifft zwar nur die Büroabteilung, dennoch sollten alle Mitarbeiter im Reinigungsdienst die Bestellzeiten kennen, sodass sie früh genug dem Büro mitteilen können, wenn etwas nachbestellt werden soll.
Bei den Mitarbeitern im Reinigungsdienst steht noch der Punkt an, welches Team den neuen Kunden übernimmt. Wir konnten mit den Stadtwerken einen Vertrag abschließen und übernehmen ab nächsten Monat die Reinigung des Bürogebäudes in der Martinstraße. Bitte geben Sie / gebt mir bis Montag Bescheid, falls jemand nicht an der Besprechung teilnehmen kann.

Viele Grüße
Hardy Weber
Geschäftsführer Supersauber GmbH

		✓	✗
1	Die Besprechung ist mit dem neuen Lieferanten der Firma.	☐	☐
2	Wegen des neuen Lieferanten wird das Lager anders organisiert.	☐	☐
3	Die Stadtwerke haben einen Vertrag mit dem Reinigungsmittelhersteller.	☐	☐
4	Supersauber hat einen neuen Reinigungsauftrag.	☐	☐

b Sie sind Mitarbeiter der Supersauber GmbH und können leider am Mittwoch nicht an der Besprechung teilnehmen. Schreiben Sie Herrn Weber eine E-Mail und erklären Sie, warum Sie nicht anwesend sein können. Schreiben Sie in Ihr Heft.

3 Wechselpräpositionen

a Wechselpräpositionen im Akkusativ. Ergänzen Sie den Artikel.

Milan räumt den Putzmittelraum auf:

1 Er stellt die Wassereimer hinter .... Tür.
2 Die Putzlappen räumt er in .... großen Schrank.
3 Den Staubsauger stellt er neben .... Stuhl vor .... Regal.
4 Dann hängt er die Putzkittel an .... Garderobe über .... Kanister mit Allzweckreiniger.
5 Den Mülleimer stellt er unter .... Waschbecken.
6 Zum Schluss legt er die Lagerliste auf .... Tisch.

b Wechselpräpositionen im Dativ. Ergänzen Sie den Artikel.

1 Die Wassereimer stehen jetzt hinter .... Tür.

2 Die Putzlappen liegen nun in .... großen Schrank.

3 Der Staubsauger steht neben .... Stuhl vor .... Regal.

4 Die Putzkittel hängen an .... Garderobe über .... Kanister mit Allzweckreiniger.

5 Der Mülleimer steht unter .... Waschbecken.

6 Die Lagerliste liegt auf .... Tisch.

c Ergänzen Sie die Regel bei den Wechselpräpositionen.

Wechselpräpositionen	Wohin? → (Bewegung in eine Richtung)
in an auf unter über	Wenn man *wohin* fragen kann, folgt der .... 1 ....
vor hinter neben zwischen	Wo? ● (Fester Standpunkt) Wenn man *wo* fragen kann, folgt der .... 2 ....

4 Dativ oder Akkusativ? 3

a Ergänzen Sie die Präpositionen, wenn nötig mit Artikel.

über | auf | ~~an~~ | neben | vor | hinter | in | in | in | in | zwischen

Milan:

Seit vier Monaten arbeite ich nun als Reinigungsfachkraft bei Supersauber. Die Firma ist ...1... einem Gewerbegebiet ...2... einer Textilfirma und einer Tankstelle. Von meinem Wohnort bis zur Firma sind es nur ein paar Kilometer. Ich gehe morgens um sechs aus dem Haus und gehe nur ein paar Minuten bis zur Bushaltestelle *am* Goethepark. Nach 10 Minuten bin ich ...3... Gewerbegebiet. ...4... dem Eingang steht ein großer Blumenkübel und ...5... der Eingangstür befindet sich ein Firmenschild. ...6... dem Gelände ist ein Parkplatz. Dort stehen die Firmenwagen. Die Büroräume sind ...7... der 1. Etage. Das Arbeitsmittellager, der Aufenthaltsraum für die Mitarbeiter und die Teeküche sind ...8... den Büroräumen ...9... Erdgeschoss. ...10... dem Haus ist eine große Wiese. Manchmal verbringen wird dort unsere Mittagspause.

b Dave Ching hat sein Restaurant renoviert und neu eingerichtet. Seine Mitarbeiterin stellt ihm dazu Fragen. Was antwortet er? Schreiben Sie.

1 ▶ Wo steht die Kaffeemaschine? (an / Bar / neben / Schrank)
▷ ……… .

2 ▶ Wohin stelle ich die Gläser? (in Regal / unter / Getränke)
▷ ……… .

3 ▶ Wohin kommt das Geschirrtuch? (in Küche / an / Haken)
▷ ……… .

4 ▶ Wo finde ich Kerzen? (über / Kühlschrank / im / Kasten)
▷ ……… .

5 Der Chef gibt Anweisungen

65 **a** Hören Sie das Gespräch, was erlaubt der Chef nicht? Kreuzen Sie an.

1 ☐

2 ☐

3 ☐

4 ☐

b Schreiben Sie die Anweisungen anders.

1 Bitte essen Sie nicht im Besprechungsraum.
Es ist verboten, im Besprechungsraum zu essen.

2 Bitte telefonieren Sie nicht privat während der Arbeitszeit.
……… .

3 Bitte kommen Sie nicht zu spät aus der Mittagspause.
……… .

4 Bitte stellen Sie Ihre Fahrräder nicht im Gebäude ab.
……… .

c Was ist nicht erlaubt? Schreiben Sie die Anweisungen mit *zu* + Infinitiv.

1  ……………………………………………………………………………… .

2  ……………………………………………………………………………… .

3  ……………………………………………………………………………… .

6 Achtung! 5

a Setzen Sie ein.

müssen | sollen | dürfen | brauchen

Von: p.simons@firma.de

An: Kollgen@firma.de

Liebe Kolleginnen, liebe Kollegen,

wir haben eine neue Arbeitsschutzverordnung erhalten, die wir zukünftig einhalten ...1... . Die Geschäftsführung möchte deshalb eine interne Schulung veranstalten. Einige Änderungen ...2... nicht erklärt zu werden, so ...3... wir z. B. nicht mehr im Aufenthaltsraum rauchen. Bei anderen Bestimmungen steht uns ein Arbeitsschutzexperte der IHK zu Seite. Wir ...4... bis Montag der Sekretärin, Frau Helmig, eine Mail schreiben und ihr einen Terminvorschlag für die Veranstaltung machen und eventuelle andere Punkte zum Thema Sicherheit, die wir besprechen wollen, nennen.

Liebe Grüße
Peter Simons
Sicherheitsbeauftragter

b Antworten Sie auf die E-Mail und schlagen Sie einen Termin vor, sowie weitere Punkte zum Thema Sicherheit am Arbeitsplatz. Schreiben Sie in Ihr Heft.

7 Gefahr, Gefahr, Gefahr! 6

Welche Gefahren werden hier dargestellt? Ordnen Sie zu.

1 ☐

2 ☐

3 ☐

a Einzugsgefahr, Quetschgefahr
b Handverletzung, Schnittverletzung
c Stromschlaggefahr

8 Ein Unfall am Arbeitsplatz 7

a Hören Sie die Meldung eines Arbeitsunfalls. Was ist passiert? Notieren Sie Stichworte. 66

1 Wer? ....
2 Was? ....
3 Wie viele? ....
4 Welche Verletzungen? ....
5 Wo? ....

b Inga muss den Unfallbericht ausfüllen. Hören Sie noch einmal und ergänzen Sie den Bericht. 66

Arbeitsunfall: Bericht für die Berufsgenossenschaft

Wann und wo ist der Unfall passiert? Am 13.05.2019 im ...... Betrieb ...... Außendienst.

Schildern Sie kurz den Unfallhergang, die beteiligten Personen und die Verletzungen:

....

....

9 Anweisungen 8

Bilden Sie Sätze im Passiv.

1 In der Autowerkstatt repariert man Autos.

…… .

2 Im Friseursalon schneidet man Haare.

…… .

3 Im Geschäft verkauft man Waren.

…… .

4 In der Buchhaltung schreibt man Rechnungen.

…… .

5 In der Bäckerei backt man Brote.

…… .

10 Ein Arbeitsbericht 9

Lesen Sie den Text und ergänzen Sie die Lücken im Formular.

Name des Auszubildenden:	……… 1 ………
Ausbildungsjahr:	……… 2 ………
Ausbildungswoche:	……… 3 ………

	Betriebliche Tätigkeiten	Stunden
Montag	Besprechen der ……… 4 ……… für das Mauern von Mauerecken.	0,5
	Wohnhaus, Schillerstraße, ……… 5 ……… gemauert.	7,5
Dienstag	TM (……… 6 ………)	2
	TZ (Technisches Zeichnen)	2
	Bauphysik	2
Mittwoch	Wohnhaus, Schillerstraße, Zusammensetzung und Mischen von ……… 7 ……… .	3
	Mauern von ……… 8 ……… .	5
Donnerstag	Bauchemie	2
	TZ (……… 9 ………)	2
Freitag	Baustelle Hansaring: Mehrfamilienhaus: Mitwirken beim Herstellen von 36,5 cm dicken ……… 10 ……… .	8

Jan Küster ist Auszubildender im 3. Lehrjahr als Maurer. In der Woche vom 01.06. bis 05.06. hat er montags auf der Baustelle an einem Wohnhaus Mauerecken gemauert. Mit dem Maurermeister, seinem Ausbilder, hat er vorher die Arbeitsregeln besprochen. Dienstags hatte er in der Berufsschule Technische Mathematik. Am Mittwoch hat er auf der Baustelle das Mischen von Schnellbeton gelernt und Innenwände gemauert. Donnerstags hatte er in der Berufsschule Bauchemie und Technisches Zeichen. Am Freitag hat er in einem Mehrfamilienhaus Mauerwände erstellt.

11 Wie findest du den Job?

Setzen Sie die Adjektive in der richtigen Form ein.

stressig | neu | lang | nett | dankbar | fair | langweilig | schlecht | abwechslungsreich | sinnvoll | besser

Von: merlelinnen@gmx.de

An: a.kuehnen@googlemail.com

Liebe Anja,

ich arbeite nun seit sechs Monaten im Seniorenheim. Meine Arbeit ist nicht …1… . Sie ist sehr …2… . Obwohl ich …3… Arbeitszeiten habe und der Beruf oft …4… ist, mache ich meinen Job sehr gerne. Ich finde es gut, wenn man eine …5… Arbeit hat. Die Senioren sind meistens auch wirklich …6… . Der einzige Nachteil ist die …7… Bezahlung. Die könnte wirklich …8… sein. Meine Kollegen sind alle sehr …9… . Da habe ich Glück gehabt. Wir gehen alle …10… miteinander um.

Und wie geht es dir? Wie findest du deinen …11… Job?

Liebe Grüße
Merle

12 Verbesserungsvorschläge machen

Welche Aussage ist höflicher? Kreuzen Sie an.

1 Könnte man nicht die Teambesprechung montags machen?
Kann man nicht die Teambesprechung montags machen?

2 Ist es nicht besser, wenn wir die Pflegeprodukte ins Regal stellen?
Wäre es nicht besser, wenn wir die Pflegeprodukte ins Regal stellen?

3 Soll nicht jeder seinen Arbeitsplatz selber sauber halten?
Sollte nicht jeder seinen Arbeitsplatz selber sauber halten?

4 Kann man vielleicht für die Kunden eine Kundenkarte einrichten?
Könnte man vielleicht für die Kunden eine Kundenkarte einrichten?

13 Wie kann es besser gemacht werden?

a Bilden Sie das Passiv mit *können, dürfen, sollen, müssen*.

1 Die Mitarbeiter reinigen abends immer die Waschbecken *(müssen)*.

………………………………………………………… .

2 Die Auszubildende stellt die Shampoos ins Regal *(können)*.

………………………………………………………… .

3 Die Mitarbeiter legen die Bürsten in den Korb *(dürfen)*.

………………………………………………………… .

4 Die Mitarbeiter falten die Handtücher *(sollen)*.

………………………………………………………… .

b Welches Modalverb passt? Streichen Sie das falsche Modalverb durch.

1 Der Friseursalon *muss* | *darf* abends immer gefegt werden.
2 Die Zeitungen *sollen* | *dürfen* auf den Tisch gelegt werden.
3 Die Haarkämme *dürfen* | *sollen* gereinigt werden.
4 Die Pflegeprodukte *können* | *müssen* verkauft werden.

c Was könnte man im Unterricht verbessern? Sprechen Sie mit Ihrer Partnerin / Ihrem Partner.

14 Eine Krankmeldung

12

a Was muss bei Krankheit alles gemacht werden? Schreiben Sie Sätze.

1 Arbeitgeber umgehend telefonisch informieren

....

2 Vertretung anweisen

....

3 alle Termine absagen

....

4 Arbeitsunfähigkeitsbescheinigung dem Arbeitgeber vorlegen.

....

b Lesen Sie die E-Mail und setzen Sie die Wörter ein.

Arzt | Fieber | Woche | Krankmeldung

Von: a.gialli@inet.com
Betreff: Krankmeldung

Sehr geehrte Frau Kruse,

ich kann leider für eine ....1.......... nicht arbeiten kommen. Ich bin krank und habe ....2.......... und starken Husten. Der ....3.......... hat mich für die gesamte Woche krankgeschrieben. Meine ....4.......... ist unterwegs.

Mit freundlichen Grüßen
Antonia Gialli

c Sie machen ein Praktikum bei einer Firma und sind erkrankt. Schreiben Sie Ihrem Arbeitgeber eine kurze E-Mail. Schreiben Sie ihm, wie lange Sie voraussichtlich krank sein werden.

Lernwortschatz

Arbeitsschutz

Zeichnen Sie Symbole zu den Gefahren.

die Anweisung ....
die Gefahrenstelle ....
das Schild ....
der Verbesserungsvorschlag ....
das Zeichen ....
die Alarmanlage einschalten ....
die ätzende Säure ....
das Berichtsheft führen ....
das brennbare Material ....
ein Dokument in der Firma auslegen ....
die elektrische Spannung ....
das explosive Material ....
das giftige Material ....
auf Hygiene achten ....
den Kunden / die Kundin zur Kasse begleiten ....
keine Zeit verlieren ....
die Papiere dabeihaben ....
Quittungen aufheben ....
rechtzeitig Bescheid geben ....
einen Termin absagen / verlegen ....
einen Termin übernehmen ....
Überstunden berechnen ....

Krankmeldung und Arbeitsunfall

Ergänzen Sie die Artikel.

.... Arbeitsunfähigkeitsbescheinigung ....
.... Krankmeldung ....
.... Schwindel ....
.... Stromschlag ....
.... Übelkeit ....
einen Arzt rufen ....
gesundheitliche Probleme haben ....
die Haut kühlen ....
den Rettungsdienst anrufen ....
sich krankmelden ....
die Stromquelle abschalten ....
die Vertretung organisieren ....
den Unfallbericht schreiben ....

Im Putzraum

Schreiben Sie jeweils ein Verb dazu.

die antibakterielle Seife ....
die Ordnung ....
der Putzlappen ....
der Staubsauger ....
das Waschbecken ....

1 Arbeitsanweisungen verstehen

67

Hören Sie das Gespräch zwischen Herrn Münzberg und den Mitarbeitern von Supersauber und ergänzen Sie die Gesprächsnotiz.

Fahrzeuge | Urlaubsvertretung | Servicedienst | Reinigungszeit | Schild

Punkt 1: Materialraum
Was will Frau Lingens? Die Mitarbeiter im ……1…… sollen den Verbrauch der Materialien früh genug melden.

Mindestmengenschilder
Was schlägt Milan vor? An jedem Regal soll ein ……2…… mit Angabe der Mindestmenge hängen.

Punkt 2: Firmenfahrzeuge
Was möchte der Chef? Alle ……3…… müssen freitagnachmittags gewaschen werden.

Arbeitszeit
Was sagt der Chef? Die ……4…… der Fahrzeuge wird zur Arbeitszeit dazugerechnet.

Punkt 3: Urlaubsvertretung
Was muss der Teamleiter machen? Er muss die ……5…… planen.

☺ ☹ ☹
☐ ☐ ☐

2 Gefahren am Arbeitsplatz kennen

Lesen Sie Anweisungen von Herrn Münzberg und kreuzen Sie an. Richtig oder falsch?

Verhalten bei Arbeitsunfällen

Liebe Mitarbeiter,

Unfälle passieren auch in unserer Branche. So passiert es schon mal, dass bei der Reinigung ein Mitarbeiter fällt oder stolpert. In so einem Fall muss unser Büro darüber informiert werden, auch wenn keine große Verletzung sichtbar ist. Wir müssen prüfen, ob die Räumlichkeiten unserer Kunden dem Arbeitsschutz entsprechen oder ob es Stolperfallen gibt. Bei Verletzungen muss sofort ein Arzt gerufen werden. Treten Allergien aufgrund von Putzmitteln auf, muss der Mitarbeiter zeitnah einen Arzt aufsuchen und dies testen lassen. Bei allen Reinigungsarbeiten müssen Handschuhe und Arbeitskleidung getragen werden. Die Mitarbeiter der Fensterreinigung müssen ab einer Höhe von 1,50 m (insbesondere im Außenbereich) auf jeden Fall über den Sicherheitsgurt gesichert werden. Die Sicherheitsgurte sind einmal im Monat auf Beschädigungen und Verschleiß zu überprüfen und müssen dann ersetzt werden. Ich bitte alle Mitarbeiter, sich strikt an die Arbeitsschutzverordnung zu halten.

		✓	✗
1	Kleine Arbeitsunfälle werden nicht gemeldet.	☐	☐
2	Die Mitarbeiter können ihre Kleidung selbst wählen.	☐	☐
3	Die Reinigungskräfte für Außenfenster haben zusätzlichen Schutz.	☐	☐

☺ ☹ ☹
☐ ☐ ☐

3 Verbesserungsvorschläge am Arbeitsplatz machen

Schreiben Sie auf einen Zettel an Ihre Kursleiterin / Ihren Kursleiter, was im Kurs verbessert werden kann.

☺ ☹ ☹
☐ ☐ ☐

1 Arbeitsmaterial

Was passt zusammen?

Wir brauchen

1 10 Eimer
2 20 Dosen
3 4 verschiedene
4 10 kg
5 6 Packungen
6 4 Flaschen
7 5 Tuben

a Shampoo
b Kaffee
c Haargel
d Weißlack
e Haarfarbe
f Haarspray
g Pinsel

2 Bestellungen

a Bringen Sie die Satzbausteine in die richtige Reihenfolge und schreiben Sie die Bestellung.

Für Rückfragen | von heute Vormittag | Yasmin Schokai | bis Ende dieser Woche. | ich beziehe mich | die bestellte Ware | stehe ich gerne zur Verfügung. | Mit freundlichen Grüßen | Herr Heinze, | auf unser Telefonat | Bitte schicken Sie uns | und bestelle 6 Packungen Haarfarbe (Nr. 34GF932-2). | Sehr geehrter | Außerdem benötigen wir 10 Flaschen Shampoo (Nr. 79ZB027-3) und 20 Dosen Haarspray (Nr. 082NB296-6).

……………………………………………………………………

……………………………………………………………………

……………………………………………………………………

……………………………………………………………………

……………………………………………………………………

……………………………………………………………………

b Schreiben Sie den Satz anders. Die Wörter helfen Ihnen dabei.

Außerdem | beziehe | Hiermit | liefern | Rückfragen | Ware | Werktage | zu Händen | zur Verfügung | bestellen

1 Ich habe Ihr Angebot im aktuellen Katalog gesehen.
Ich ………… 1 ………… mich auf Ihr Angebot im aktuellen Katalog.

2 Ich möchte 10 Pfund Kaffee bestellen.
………… 2 ………… bestelle ich 10 Pfund Kaffee.

3 Wir brauchen auch 20 Handtücher, Marke Mayfair, grau.
………… 3 ………… ………… 4 ………… wir 20 Handtücher, Marke Mayfair, grau.

4 Bitte schicken Sie uns die Sachen in spätestens drei Tagen.
Bitte ………… 5 ………… Sie die ………… 6 ………… innerhalb der nächsten drei ………… 7 ………… .

5 Bitte schreiben Sie die Rechnung an Frau Schokai.
Die Rechnung senden Sie bitte ………… 8 ………… von Frau Schokai.

6 Wenn Sie Fragen haben, können Sie mich anrufen.
Bei ………… 9 ………… stehe ich gerne ………… 10 ………… .

c Yasmin findet am Montag früh diese Nachricht ihrer Chefin.

Yasmin, bitte bestell heute 5 Dosen Haarspray (Nr. 9734AF) bei Frau Winterthur. Wir haben am Mittwoch zwei Kundinnen für Hochzeitsfrisuren und nur noch eine Dose. Es ist DRINGEND! Danke.

Schreiben Sie eine kurze E-Mail an friseurbedarf-winterthur@t-online.de.

....

....

....

....

....

....

d Setzen Sie das richtige Präpositionaladverb ein.

dafür | dafür | davon | darüber | damit | darum

1 Im Teammeeting sprechen wir heute über die vielen Überstunden.
Oh nein, ... sprechen wir doch jedes Mal, und es ändert sich nichts.

2 Ich bin mit der neuen Pausenregelung nicht einverstanden. Wie siehst du das?
Nein, ich bin .... auch nicht einverstanden. Jeder sollte Pause machen können, wie es passt.

3 Haben wir eigentlich noch Geld für die Werbeveranstaltung im März?
.... müssen wir Geld haben, denn Werbung ist wichtig.

4 Beim Gespräch morgen mit dem Kunden geht es vor allem um unsere neuen Preise.
Oh, ich wusste nicht, dass es .... geht. Ich dachte, wir stellen die neuen Produkte vor.

5 Haben wir eigentlich noch genügend Dosen von den Schokokeksen?
.... kann man nie genug haben. Unsere Kunden lieben sie.

6 Für eine Schulung unserer Mitarbeiter haben wir dieses Jahr keine Zeit.
Das ist schade, denn .... sollte man eigentlich immer Zeit haben.

3 Bin ich hier richtig? 2

a Sie arbeiten bei dieser Firma und sollen den Anrufbeantworter besprechen.
Schreiben Sie den Text zuerst auf und nehmen Sie ihn dann auf dem Handy auf.

b Überlegen Sie sich eine ähnliche Nachricht für einen Friseursalon oder eine Sprachschule.

Schlüsseldienst Weißgerber

Mo – Fr 9:00 – 17:00 Uhr
Mi 9:00 – 13:00 Uhr

Am Wochenende **Notdienst**
unter 0162 / 6869674

Zahlung bar / ec-Karte / Visa und Master

c Lesen Sie die Informationsbroschüre der Berliner S-Bahn und kreuzen Sie an.

Liebe Fahrgäste,
wir bauen für Sie die Strecke zum Flughafen Schönefeld aus. Dafür werden in der Zeit vom 10. Juli bis 31. August umfangreiche Gleisbauarbeiten an den Strecken der S1, S2 und der S25 stattfinden.
Zwischen Priesterweg und Marienfelde fährt die S2 nur im 20-Min.-Takt. Fahrgäste, die von Norden kommen, steigen bitte am Priesterweg aus und nehmen die S2 nach Blankenfelde am gegenüberliegenden Gleis.
Zwischen Lichtenrade und Blankenfelde verkehren in der Zeit von 23:00 bis 4:30 Uhr keine S-Bahnzüge. Es besteht Schienenersatzverkehr mit Bussen im 30-Min.-Takt. Die Busse ab Lichtenrade fahren an der Bahnhofstraße / Ecke Wünsdorfer Str. ab. Die Haltestelle in Blankenfelde befindet sich am Busbahnhof.
Diese intensiven Bauarbeiten finden ausschließlich während der Sommerferien statt, damit so wenig wie möglich Fahrgäste von den Störungen betroffen sind. Über die leicht geänderten Fahrzeiten ab dem 31. August können Sie mehr unter *www.s-bahn-berlin.de / Fahrgastinfo* oder im Informationszentrum am S-Bahnhof Friedrichstraße erfahren.
Wir bitten um Ihr Verständnis.

1 Wer vom Norden kommt, muss
a ☐ das Gleis wechseln.
b ☐ in den Bus umsteigen.
c ☐ jetzt 20 Minuten länger fahren.

Wie reagieren Sie, wenn in Ihrer Stadt die öffentlichen Verkehrsmittel nicht fahren?

2 Nach Blankenfelde
a ☐ kommt die S-Bahn alle 30 Minuten.
b ☐ muss man zum Busbahnhof laufen.
c ☐ verkehren nachts keine S-Bahnen.

3 Nach den Sommerferien
a ☐ fährt die S-Bahn wieder ab Friedrichstraße.
b ☐ sind die Bauarbeiten beendet.
c ☐ wird es keine Änderungen geben.

d Ergänzen Sie die Präpositionen.

aus | bei | im | ins | nach | von | von | von | zum

Woher kommt der Mann?
1 Er kommt .... der Bäckerei.
2 Er kommt .... draußen.
3 Er kommt .... links.

Wohin geht die Frau?
4 Sie geht .... Haus.
5 Sie geht .... unten.
6 Sie geht .... Friseur.

Wo ist der Hund?
7 Er schläft draußen .... Hof.
8 Er sitzt hier .... mir.
9 Er läuft rechts .... mir.

e Yasmins Chefin schreibt eine Nachricht. Wie heißt das richtige Wort?

In unseren Regalen herrscht Chaos! Hier noch einmal die Anweisungen, wo was stehen soll:

1 Ganz o .... i ... ten stehen die Haarspray-Dosen, denn sie sind am größten.
2 D ... v ... r stehen die Haargeltuben, ... ts die für Männer, l .... k ... die Tuben für Frauen.
3 U ... t .... im Regal liegen die Haarklemmen und die Bürsten.
4 D ... n ... b .... stehen die Shampoos.
5 Bitte stellt alles ... a ... in, wo es hingehört, sonst finden wir nichts!

68 **f** Hören Sie die Ansage und ergänzen Sie dabei die Wörter.

Liebe Besucher der Jobmesse,
wir bedauern, Ihnen mitteilen zu müssen, dass ……1…… die Leitungen der Service Hotline gestört sind. Wir arbeiten ……2…… an der Wiederherstellung und hoffen, Ihre Anrufe ……3…… wieder entgegennehmen zu können. ……4…… möchten wir Sie bitten, die gewünschten Auskünfte auf unserer Webseite unter www.jobmesse-hannover.de nachzulesen. ……5…… finden Sie unter „Aktuelles" auch die Informationen zu den geänderten Parkmöglichkeiten. Der Parkplatz am Osttor ist ……6…… geschlossen. ……7…… kommt es zu erhöhtem Parkaufkommen am Nordtor und vor dem Haupteingang. ……8…… stehen nur Kurzzeitparkplätze zur Verfügung. ……9…… möchten wir Sie bitten, so weit wie möglich die öffentlichen Verkehrsmittel zu benutzen. Wir danken für Ihr Verständnis.

4 Bitte um Information 3

a Schreiben Sie drei kurze Nachrichten.

Kühlschrank zu verkaufen – fast wie neu!
70 Euro für Selbstabholer.
Kontakt: familie_arnold@yahoo.de

Fragen Sie nach Baujahr / Marke / Funktionen.

……………………………………………
……………………………………………
……………………………………………

FINANZAMT Köln-Portz Kontakt
info@fa_koeln-portz.de

Informieren Sie über Ihre neue Adresse.

……………………………………………
……………………………………………
……………………………………………

Tierklinik Dr. Sänger
Haus- und Kleintiere
Münchner Str. 7 – 12309 Berlin
Öffnungszeiten
Mo–Fr 9:00–17:00 Uhr
Wochenende auf Anfrage
tierklinik@saenger.de

Fragen Sie, ob Sie mit Ihrer Katze sofort kommen können. Sie ist verletzt. Geben Sie Informationen zu Ihrer Katze.

……………………………………………
……………………………………………
……………………………………………
……………………………………………

b Finden Sie in jeder Zeile einen Rechtschreibfehler und schreiben Sie das Wort richtig.

Sehr geherte Damen und Herren,
hirmit möchte ich fragen, ob Sie diese Woche noch einen Termin
für mich haben. Ich habe starke Zanschmerzen im unteren
rechten Backenzahn. Da ich am freitag ein Vorstellungsgespräch
habe, wäre es gut, wenn die Schmerzen bis dahinn behandelt
werden können. Ich bin Vormittags nicht verfügbar, kann mich
aber nachmittags nach ihren offenen Terminen richten.
Danke und viele Grüsse

1 ……………
2 ……………
3 ……………
4 ……………
5 ……………
6 ……………
7 ……………
8 ……………

5 In der Zahnklinik

a Finden Sie 7 Wörter, die man beim Zahnarzt hört. Schreiben Sie sie noch einmal mit Artikel auf.

zungschmerztablettegangkariesheitezahnfüllungohinlaywanterbetäubungsspritzepatzbohrertanmerfüllungant

....

....

b Ordnen Sie zu.

1 Ein Loch im Zahn
2 Eine Schmerztablette hilft
3 Eine Betäubungsspritze
4 Mit dem Bohrer wird
5 Zunächst kommt eine
6 Ein Inlay ist
7 Damit ein Inlay passt, wird
8 Die Krankenkasse bezahlt

a ein Abdruck vom Zahn gemacht.
b der Zahn aufgebohrt.
c nicht den vollen Betrag für Zahnersatz.
d eine speziell angefertigte Zahnfüllung.
e gegen Schmerzen vor und nach der Behandlung.
f heißt Karies.
g bekommt man für die Behandlung.
h provisorische Füllung in den Zahn.

c Streichen Sie die falschen Wörter durch.

1 Man sollte zweimal im Jahr zum Zahnarzt gehen, *anstatt* | *ohne* | *um* die Zähne untersuchen zu lassen.
2 *Anstatt* | *ohne* | *um* lange zu warten, vereinbart man besser rechtzeitig einen Termin.
3 Der Zahnarzt schaut sich das Gebiss gründlich an, *anstatt* | *ohne* | *um* Schäden an den Zähnen zu erkennen.
4 Wenn alles ok ist, reinigt der Zahnarzt nur die Zähne, *anstatt* | *ohne* | *um* eine Betäubungsspritze zu geben.
5 Wer ängstlich ist, kann immer eine Spritze haben, *anstatt* | *ohne* | *um* unter den Schmerzen zu leiden.
6 Nach einer Betäubung sollte man nicht mehr Auto fahren, *anstatt* | *ohne* | *um* keinen Unfall zu bauen.

d Hören Sie die Aussagen und kreuzen Sie an. Richtig oder falsch? 69

	✓	✗
1 Sprecher 1 will im Urlaub keinen Sport machen.	☐	☐
2 Sprecherin 2 bleibt im Urlaub gerne zu Hause.	☐	☐
3 Sprecher 3 macht gerne Urlaub im Hotel.	☐	☐
4 Sprecherin 4 findet Ferienwohnungen zu teuer.	☐	☐

e Ergänzen Sie die Sätze schriftlich mit *um zu*, *ohne zu* oder *anstatt zu* und schreiben Sie ein eigenes Beispiel.

1 Im Kurs lernen wir deutsche Grammatik, ...
2 Mein Sohn will sehr gerne ein neues Handy, ...
3 Jeder Erwachsene sollte einen Erste-Hilfe-Kurs machen, ...
4 Schwimmen zu lernen ist wichtig, ...
5 Die Deutschen fahren gerne in den Urlaub nach Mallorca, ...
6 Ich möchte den Motorradführerschein machen, ...
7 *Ich* ....

6 Im Kontakt mit Lieferanten 5

a Wie heißt das Wort? Ergänzen Sie.

B_ste_ung | Li_f_te_min | Lie_e_be_ing_gen | _ie_erw_gen |
Pr_isna_la_s | Me_ge_ra_tt | Be_ät_gu_g | Rü_me_dung

b Was kann bei einer Bestellung schiefgehen? Ordnen Sie zu.

1 Die Bestellung ist
2 Der Kunde hat
3 Es gibt Probleme
4 Die Versandabteilung hat
5 Der Lieferant hat
6 Der Kunde war nicht da,

a in der Produktion.
b um die Lieferung entgegenzunehmen.
c die Adresse nicht gefunden.
d die falschen Produkte geschickt.
e die falsche Bestellnummer geschrieben.
f beim Kunden nicht angekommen.

c Spielen Sie ein Telefonat mit dem Lieferanten.

Person A
Sie haben eine kleine Bäckerei und haben vor 3 Tagen eine Bestellung für 20 kg Kaffee aufgegeben, die noch nicht angekommen ist.

Person B
Sie sind zuständig für die Bestellungen in der Kaffeerösterei Harder & Co.

Person A	Person B
	Melden Sie sich.
Melden Sie sich und nennen Sie den Grund Ihres Anrufs.	
	Entschuldigen Sie sich und fragen Sie nach Datum und Bestellnummer.
24. März BW 349 Kaffee Schwarz 972	
	Bitten Sie um Geduld. Lieferung wurde am 26. März versandt.
Versuchen Sie zu klären, warum Sie keine Lieferung bekommen haben.	
	Finden Sie das Problem heraus. Bieten Sie eine Lösung an.
Bedanken und verabschieden Sie sich.	
	Verabschieden Sie sich.

d Frau Attalay erhält eine Nachricht von einem Kunden wegen Problemen bei der Lieferung. Ergänzen Sie die richtigen Wörter. Nicht alle passen.

achten | Anfrage | Angebot | anstatt | Bestellformular | Bestellung | freuen | Kunde | Lieferant | obwohl | pünktlich | richtig | Rückmeldung | sorgen | wünschen

Sehr geehrte Frau Attalay,

vielen Dank für Ihre ___1___. Es ist sehr ärgerlich, dass Ihr ___2___ unsere Adresse nicht gefunden hat. ___3___ einfach zurückzufahren, hätte er mich doch kontaktieren können. Meine Handynummer stand auf dem ___4___. Bitte ___5___ Sie in Zukunft dafür, dass so etwas nicht mehr passiert. Über Ihr ___6___, die Ware noch einmal zu schicken, ohne die Liefergebühren zu berechnen, ___7___ wir uns. Wir erwarten die Lieferung morgen ___8___ um 8:00 Uhr.

7 Bitte bestätigen Sie.

a Lesen Sie und schreiben Sie als Mitarbeiter des Hotels Hirsch eine Bestätigung an Herrn Begu. Schreiben Sie in Ihr Heft.

An: reservierungen@hotel-hirsch.de
Betreff: Anfrage

Sehr geehrte Damen und Herren,

unsere Firma möchte am Freitag, den 27. April, ein Seminar für 25 Mitarbeiter veranstalten. Dazu brauchen wir einen ausreichend großen Seminarraum und haben an Ihr Hotel gedacht. Ist Ihr Seminarraum an diesem Tag verfügbar? Wenn ja, möchten wir ebenfalls kalte und warme Getränke sowie Gebäck am Nachmittag bestellen. Welche Auswahl können Sie uns anbieten? Welche technische Ausstattung haben Sie in Ihrem Seminarraum? Bitte informieren Sie uns auch über die Parkmöglichkeiten vor Ihrem Hotel. Herzlichen Dank!

Mit freundlichen Grüßen
Dr. Arian Begu
Zahnklinik Berlin-Mitte

Sie können ... auswählen | bei Wünschen oder Fragen | stehen Ihnen zur Verfügung | Wir können Ihnen ... anbieten, | Wir danken Ihnen | Hiermit bestätigen wir

Sehr geehrter Herr Dr. Begu,

b Wie kann man das Gleiche anders sagen? Ergänzen Sie die Substantive.

1 Der Zahn wurde erfolgreich behandelt. — Die .... des Zahns war erfolgreich.
2 Im Internet kann man oft billiger bestellen. — Eine .... im Internet ist oft billiger.
3 Der Kurs kann nicht durchgeführt werden. — Die .... des Kurses ist nicht möglich.
4 Wir können uns nicht entscheiden. — Die .... fällt uns schwer.
5 Wurde das schon besprochen? — Hat die .... schon stattgefunden?
6 Ich möchte mich beschweren. — Ich habe eine ....
7 Der Zahn muss betäubt werden. — Ohne .... des Zahns geht es nicht.
8 Bis wann können Sie liefern? — Wann könnte die .... erfolgen?

8 Eine Beschwerde

a Worüber beschweren Sie sich und worüber nicht? Sprechen Sie im Kurs.

b Welche Ausdrücke für eine Beschwerde sind höflicher? Markieren Sie mit ☺.

1	☐ Ihr Service war leider nicht zufriedenstellend.	☐ Der ganze Abend war eine Katastrophe!
2	☐ Ich war unglücklich mit meinem Urlaub.	☐ So hatte ich mir den Urlaub nicht vorgestellt.
3	☐ Das Produkt ist schlecht und funktioniert nicht.	☐ Das Produkt ist offenbar defekt.
4	☐ Warum haben Sie nicht pünktlich geliefert? Das geht nicht!	☐ Die unpünktliche Lieferung führt bei uns zu großen Problemen.
5	☐ Bitte sorgen Sie dafür, dass so etwas nicht noch einmal vorkommt.	☐ So etwas darf auf keinen Fall passieren.

c Ergänzen Sie die Formulierungen.

1 Ich muss mich über Ihren schlechten Service be............................ .

2 Die gelieferte Ware ent............................ nicht der Bestellung.

3 Ich war leider nicht zu............................ mit der Qualität des Produkts.

4 Ihre An............................ klang sehr gut, aber Ihr Angebot hat dem leider nicht entsprochen.

5 Ihre Service-Mitarbeiter waren wenig hilfs............................ .

6 Unglückerweise kann ich bei Ihrer Hotline niemanden er............................ .

7 Ich würde das Produkt gerne um............................ .

8 Ich bitte Sie um Er............................ der Kosten.

d Wählen Sie eine der drei Situationen und spielen Sie mit Ihrer Partnerin / Ihrem Partner Dialoge. Finden Sie eine Lösung, mit der beide Seiten einverstanden sind.

Situation A

Sie haben einen Küchenschrank im Internet bestellt und bei der Lieferung bezahlt. Nun haben Sie eine Mahnung erhalten.

Das war ein Missverständnis. Der Kollege in der Buchhaltung hat die Zahlung nicht gesehen.

Situation B

Sie kommen im Hotel an und es gibt kein Zimmer für Sie, obwohl Sie über eine Buchungswebseite reserviert haben.

Die Reservierung wurde dem Hotel nicht übermittelt.

Situation C

Der Friseur hat Sie gerade frisiert, aber Sie sind überhaupt nicht zufrieden mit dem Schnitt und der neuen Farbe.

So dickes Haar kann man nicht anders schneiden und färben.

e Setzen Sie das richtige Wort ein. Nicht alle passen.

da | dass | denn | deswegen | indem | obwohl | wann | weil | wenn

Sehr geehrte Frau Schokai,

es tut uns sehr leid, ...1.... Sie die bestellte Ware nicht pünktlich erhalten haben. Wir konnten keine Bestellungen ausfahren, ...2.... unser Fahrer krank geworden ist. Eine neue Lieferung bis Mitte der Woche ist kein Problem, ...3.... inzwischen ist der Fahrer wieder im Dienst. ....4.... uns die Zufriedenheit unserer Kunden wichtig ist, geben wir Ihnen auf die nächste Bestellung 10 Prozent Rabatt. Wir würden uns freuen, ...5.... Sie wieder bei uns bestellen würden.

Lernwortschatz

Arbeitsmaterialien bestellen und liefern

der Mengenrabatt
die Preisangabe
der Preisnachlass
eine Bestellung aufgeben / durchgeben
die Buchung bestätigen
einen Liefertermin abklären
eine offene Frage klären
der vereinbarte Termin

Wie heißen die Wörter in Ihrer Muttersprache? Übersetzen Sie.

Telefonate und Terminvereinbarung

nachfragen
vorbeikommen
am Apparat
auf den Anrufbeantworter sprechen
Auskunft geben
außerhalb der Sprechzeit anrufen
Bezug nehmen auf
in dringenden Fällen
eine kurze Rückmeldung geben
ohne Voranmeldung
sich wenden an

Schreiben Sie einen Satz mit jedem Wort.

Beschwerden und Konflikte

das Missverständnis
auf Beschwerden reagieren
auf Nachfrage
Bescheid geben
Einweisung in das Programm bekommen
einen Konflikt lösen
sich beschweren
(nicht) zufrieden sein mit

Suchen Sie Beispielsätze aus der Lektion.

Behandlung beim Zahnarzt

.... Abdruck
.... Betäubungsspritze
.... provisorische Füllung
.... Haltbarkeit
.... Inlay
.... Karies
.... Keramik
.... Labor
.... Notdienst
gründlich Zähne putzen
Schmerzen aushalten

Ergänzen Sie die Artikel.

1 Angebote verstehen

Lesen Sie die Anzeige und die Aussagen dazu: richtig oder falsch? Kreuzen Sie an.

Ein tolles Geschenk für Ihren Kindergeburtstag

Ihr Kind feiert Geburtstag und hat viele Freunde eingeladen? Für Sie ist das Stress, denn Sie wissen nicht, was Sie mit den Kindern spielen sollen?

Fragen?
anfrage@clown-pepe.de

Buchen Sie mich, den Clown Pepe! Ich komme zu jeder Party, ob drinnen oder draußen. Ich mache Theater für die Kinder und danach spielen wir zusammen.

Natürlich richte ich mich nach dem Alter des Kindes und seiner Gäste. Sie können mich für 2 bis 4 Stunden buchen und mir Ihre Wünsche gerne vorher mitteilen. Ich freue mich auf Ihr Kind und die Party.
Ihr Clown Pepe

		✓	✗
1	Der Clown bringt Geschenke für die Kinder.	☐	☐
2	Er spielt den Kindern etwas vor.	☐	☐
3	Die Kinder müssen zwischen 2 und 4 Jahren alt sein.	☐	☐
4	Die Eltern können vor der Buchung sagen, was ihnen wichtig ist.	☐	☐
5	Man kann den Clown für mehr oder weniger Stunden buchen.	☐	☐

2 Bestellungen aufgeben

Ihr Kind hat Geburtstag und Sie feiern eine Party im Garten. Sie möchten ihm als Geschenk den Clown buchen. Schreiben Sie eine E-Mail an den Clown.

- Schreiben Sie etwas über das Kind und die Party.
- Schreiben Sie, welche Wünsche Sie haben.
- Fragen Sie nach den Kosten.

3 Sich bei Auftragnehmern beschweren

70

Bei der Party ist nicht alles gut gelaufen. Hören Sie das Telefonat und schreiben Sie kurze Antworten auf die Fragen.

1 Hat Herr Peters, der Clown, gemerkt, dass die Kinder das Theaterstück nicht mochten? ....

2 Worum ging es in der Geschichte, die der Clown erzählt hat? ....

3 Wie hat Lukas reagiert? ....

4 Wie finden es die Eltern, wenn man Kindern Angst macht, um ihnen etwas zu erklären. ....

5 Was schlägt Herr Peters als Lösung vor? ....

6 Was rät Herr Helm dem Clown für die Zukunft? ....

Sie haben das Lehrwerk erfolgreich bewältigt. Ihr B1-Niveau ist gefestigt und Sie können im beruflichen Alltag angemessen kommunizieren. Wie gut schätzen Sie sich selbst in den einzelnen Bereichen ein? Kreuzen Sie an.

Ich kann ...

... meine beruflichen Qualifikationen und Ziele darstellen:

	☺	😐	☹
• ... meine Schulbildung darstellen und mit anderen über meine beruflichen Ziele sprechen.	☐	☐	☐
• ... über meine beruflichen Erfahrungen berichten.	☐	☐	☐
• ... meine Sprachkenntnisse darstellen.	☐	☐	☐

... mir einen Überblick über Bewerbungs-, Ausbildungs- und Weiterbildungsmöglichkeiten verschaffen:

• ... an Beratungsgesprächen teilnehmen und Formulare ausfüllen.	☐	☐	☐
• ... Stellenangebote verstehen, darauf reagieren und mich bewerben.	☐	☐	☐
• ... verstehen, ob Aus- und Weiterbildungsangebote zu mir passen.	☐	☐	☐

... am Arbeitsplatz mit Kollegen, Kunden, Patienten, der Personalabteilung bzw. dem Arbeitgeber kommunizieren:

• ... wichtige Informationen aus einem bekannten Arbeitsbereich verstehen.	☐	☐	☐
• ... wichtige Informationen in verschiedenen Texten (Artikel, Berichte, Broschüren, Infoblätter, Kundenbriefe und E-Mails, Meldungen usw.) aus einem bekannten Arbeitsbereich verstehen.	☐	☐	☐
• ... Hauptaspekte von längeren Gesprächen und Besprechungen notieren.	☐	☐	☐
• ... für einen Bericht oder ein Protokoll kurze einfache Texte schreiben.	☐	☐	☐
• ... meine Ansichten, Handlungen und Entscheidungen kurz begründen.	☐	☐	☐
• ... Informationen über verschiedene Aspekte (Abteilung, Firma, Produkte, Prozesse usw.) aus einem bekannten Arbeitsbereich geben.	☐	☐	☐

1 Nomen und Pronomen

Possessivartikel im Nominativ, Akkusativ und Dativ

	maskulin	feminin	neutral	Plural
Nominativ	**mein** Chef **dein** Chef **sein** Chef **ihr** Chef **unser** Chef **euer** Chef **ihr / Ihr** Chef	**meine** Chefin **deine** Chefin **seine** Chefin **ihre** Chefin **unsere** Chefin **eure** Chefin **ihre / Ihre** Chefin	**mein** Team **dein** Team **sein** Team **ihr** Team **unser** Team **euer** Team **ihr / Ihr** Team	**meine** Kolleginnen und Kollegen **deine** Kolleginnen und Kollegen **seine** Kolleginnen und Kollegen **ihre** Kolleginnen und Kollegen **unsere** Kolleginnen und Kollegen **eure** Kolleginnen und Kollegen **ihre / Ihre** Kolleginnen und Kollegen
Akkusativ	**meinen** Chef **deinen** Chef **seinen** Chef **ihren** Chef **unseren** Chef **euren** Chef **ihren / Ihren** Chef	**meine** Chefin **deine** Chefin **seine** Chefin **ihre** Chefin **unsere** Chefin **eure** Chefin **ihre / Ihre** Chefin	**mein** Team **dein** Team **sein** Team **ihr** Team **unser** Team **euer** Team **ihr / Ihr** Team	**meine** Kolleginnen und Kollegen **deine** Kolleginnen und Kollegen **seine** Kolleginnen und Kollegen **ihre** Kolleginnen und Kollegen **unsere** Kolleginnen und Kollegen **eure** Kolleginnen und Kollegen **ihre / Ihre** Kolleginnen und Kollegen
Dativ	**meinem** Chef **deinem** Chef **seinem** Chef **ihrem** Chef **unserem** Chef **eurem** Chef **ihrem / Ihrem** Chef	**meiner** Chefin **deiner** Chefin **seiner** Chefin **ihrer** Chefin **unserer** Chefin **eurer** Chefin **ihrer / Ihrer** Chefin	**meinem** Team **deinem** Team **seinem** Team **ihrem** Team **unserem** Team **eurem** Team **ihrem / Ihrem** Team	**meinen** Kolleginnen und Kollegen **deinen** Kolleginnen und Kollegen **seinen** Kolleginnen und Kollegen **ihren** Kolleginnen und Kollegen **unseren** Kolleginnen und Kollegen **euren** Kolleginnen und Kollegen **ihren / Ihren** Kolleginnen und Kollegen

2 Verben

Modalverben im Präsens

	Modalverben				
	können	**dürfen**	**wollen**	**müssen**	**sollen**
ich	kann	darf	will	muss	soll
du	kannst	darfst	willst	musst	sollst
er / sie / es	kann	darf	will	muss	soll
wir	können	dürfen	wollen	müssen	sollen
ihr	könnt	dürft	wollt	müsst	sollt
sie / Sie	können	dürfen	wollen	müssen	sollen

Perfekt = *haben* oder *sein* + Partizip II

	Infinitiv	Perfekt
ge + Verbstamm + t / et	machen arbeiten	ich habe gemacht ich habe gearbeitet
ge + Verbstamm + en	helfen gehen	ich habe geholfen ich bin gegangen
Verbstamm + t / et	studieren erstatten	ich habe studiert ich habe erstattet
unregelmäßige Formen	bekommen verlieren	ich habe bekommen ich habe verloren

Perfekt und Präteritum

Perfekt *haben* + Partizip II	Präteritum *-t-*
*Sie **hat** Arabisch in der Schule **gelernt**.*	*Sie **lernte** Arabisch in der Schule.*

In der gesprochenen Sprache verwendet man meistens das Perfekt.

Trennbare Verben

ab	**ab | schließen**	Der Erzieher schließt den Kindergarten ab.
an	**an | melden**	Er meldet sich zum Deutschkurs an.
auf	**auf | schließen**	Sie schließt das Auto auf.
aus	**aus | machen**	Sie macht das Licht aus.
ein	**ein | kaufen**	Er kauft Essen ein.
mit	**mit | bringen**	Sie bringen ein Buch mit.
vor	**vor | stellen**	Er stellt sich beim Chef vor.
hin	**hin | fallen**	Das Kind fällt hin.

Nicht trennbare Verben: ***be****antworten*, ***ent****fernen*, ***er****zählen*, ***ver****kaufen*, ***zer****brechen*, *sich **unter**halten*

Reflexive Verben – Deklination des Reflexivpronomens

Das Reflexivpronomen zeigt, dass sich eine Handlung auf das Subjekt bezieht.
Wenn es schon ein Akkusativobjekt gibt, dann steht das Reflexivpronomen im Dativ.

***Ich** wasche **mich**.* ***Ich** wasche **mir** die Hände.*

	Akkusativ	Dativ
ich	mich	**mir**
du	dich	**dir**
er / sie / es	sich	sich
wir	uns	uns
ihr	euch	euch
sie / Sie	sich	sich

Futur I

werden + Infinitiv: *Ich **werde** bald ein Unternehmen gründen.*

Der Konjunktiv II für Wünsche, Träume und für Höflichkeit

Mit dem Konjunktiv II formuliert man höfliche Bitten, Wünsche, Träume und Möglichkeiten.
Könntest** du bitte die Post zuerst **erledigen?** Wenn ich Urlaub **hätte, würde** ich nach Spanien **fahren.
*Ich **wäre** gerne Abteilungsleiter.*

Der Konjunktiv II: *sein, haben* + Modalverben *dürfen, können, müssen, sollen*

	sein	**haben**	**dürfen**	**können**	**müssen**	**sollen**
ich	wäre	hätte	dürfte	könnte	müsste	sollte
du	wär(e)st	hättest	dürftest	könntest	müsstest	solltest
er / sie / es	wäre	hätte	dürfte	könnte	müsste	sollte
wir	wären	hätten	dürften	könnten	müssten	sollten
ihr	wäret	hättet	dürftet	könntet	müsstet	solltet
sie / Sie	wären	hätten	dürften	könnten	müssten	sollten

3 Adjektive und Adverbien

Deklination der Adjektive mit dem bestimmten Artikel

	maskulin	**feminin**	**neutral**	**Plural**
Nom.	**der** neue Chef	**die** neue Kollegin	**das** neue Haus	**die** neuen Mitarbeiter
Akk.	**den** neuen Chef	**die** neue Kollegin	**das** neue Haus	**die** neuen Mitarbeiter
Dat.	**dem** neuen Chef	**der** neuen Kollegin	**dem** neuen Haus	**den** neuen Mitarbeitern
Gen.	**des** neuen Chefs	**der** neuen Kollegin	**des** neuen Hauses	**der** neuen Mitarbeiter

Deklination der Adjektive mit dem unbestimmten Artikel*

	maskulin	**feminin**	**neutral**	**Plural**
Nom.	**ein** neuer Chef **kein** neuer Chef **mein** neuer Chef	**eine** neue Kollegin **keine** neue Kollegin **meine** neue Kollegin	**ein** neues Haus **kein** neues Haus **mein** neues Haus	---- neue Mitarbeiter **keine** neuen Mitarbeiter **meine** neuen Mitarbeiter
Akk.	**einen** neuen Chef	**eine** neue Kollegin	**ein** neues Haus	---- neue Mitarbeiter
Dat.	**einem** neuen Chef	**einer** neuen Kollegin	**einem** neuen Haus	---- neuen Mitarbeitern
Gen.	**eines** neuen Chefs	**einer** neuen Kollegin	**eines** neuen Hauses	---- neuer Mitarbeiter

* Im Singular werden die Adjektive **nach einem Possessivartikel** und **nach *kein(e)*** wie nach demunbestimmten Artikel dekliniert.
Im Plural haben alle Adjektive die Endung *-en*.

Adjektivitätssteigerung

Regelmäßige Formen:

schön → schöner → am schönsten
klein → kleiner → am kleinsten
leicht → leichter → am leichtesten

Vokal wird Umlaut:

groß → größer → am größten
klug → klüger → am klügsten
alt → älter → am ältesten

Vergleiche:

höher / niedriger / kleiner } als ...

genauso ... wie
genauso hoch wie

Lokaladverbien:

hier, da, dort, links, rechts, vorne ...

→ **Hier** ist keine Lieferung angekommen.

Temporaladverbien:

dann, nochmal, nie, gerade, momentan

→ **Momentan** haben wir keine Bestellung erhalten.

Kausaladverbien:

deshalb, dadurch

→ Ich muss etwas bestellen, **deshalb** rufe ich Frau Lemke an.

4 Präpositionen

Präpositionen mit Akkusativ und Dativ

Akkusativ	durch, für, bis, um, ohne, gegen	**Dativ**	von, bis, aus, seit, nach, mit, zu, außer, bei

Die Wechselpräpositionen

Wo? **Dativ** ←		→ **Wohin?** **Akkusativ**
	in	
	auf	
	neben	
	zwischen	
	an	
	hinter	
	vor	
	unter	
	über	

5 Satzbau

W-Fragen – indirekte Fragen

Das Fragepronomen leitet den Nebensatz ein.

Wann	*beginnt*	*die Ausbildung?*	*Sie möchte wissen, wann die Ausbildung*	*beginnt.*
Wie	*sind*	*die Arbeitszeiten?*	*Sie will wissen, wie die Arbeitszeiten*	*sind.*
Wer	*kann*	*mir Fragen beantworten?*	*Sie fragt, wer ihre Fragen beantworten*	*kann.*

Bei indirekten Fragen kommt das Verb immer ans Ende.

Ja- / Nein-Fragen – indirekte Fragen

Es gibt kein Fragepronomen. Der Nebensatz wird mit *ob* eingeleitet.

Haben	*Sie Berufserfahrung?*	*Er möchte wissen, ob sie Berufserfahrung*	*hat.*
Dauert	*die Ausbildung drei Jahre?*	*Sie will wissen, ob die Ausbildung drei Jahre*	*dauert.*

Bei indirekten Fragen kommt das Verb immer ans Ende.

zu, um … zu, ohne … zu, (an)statt … zu + Infinitiv

*Es ist wichtig, Deutsch **zu** lernen.*
*Ich lerne weiter Deutsch, **um** eine gute Arbeit **zu** finden.*
***ohne** mich **zu** stressen.*
***(an)statt** mich nur um meine Familie **zu** kümmern.*

Finalsätze

Nach **damit** steht immer ein Nebensatz, das heißt, die Verben stehen am Ende:
*Ich lerne weiter Deutsch, **damit** ich eine gute Arbeit bekomme.*

Relativsätze mit *was*

Nach **alles, etwas, nichts** steht das Relativpronomen **was**.
*Ich interessiere mich für alles, **was** mit Computern zu tun hat.*
*Es gibt nichts, **was** schöner ist als ein Abend mit Freunden.*
*Das ist etwas, **was** ich mag.*